좋은 엄마 되기

좋은 엄마 되기

좋은 엄마 되기

발행일 2008년 6월 2일 초판 1쇄 발행
지은이 데니즈 로이 | **옮긴이** 이혜성
발행인 강학경 | **발행처** 시그마북스
마케팅 정제용 | **에디터** 권경자, 김경림, 김진주
디자인 성덕, 김세아
등록번호 제10-965호
주소 서울특별시 마포구 성산동 210-13 한성빌딩 5층
전자우편 sigma@spress.co.kr | **홈페이지** http://www.sigmapress.co.kr
전화 (02)323-4845~7(영업부), (02)323-0658~9(편집부) | **팩시밀리** (02)323-4197
인쇄 백산인쇄
가격 9,800원
ISBN 978-89-8445-322-7(03180)

MOMfulness

아이들을 위해, 지구를 위해,
엄마로서의 열정을 베푸는 모든 사람을 위해

차 례

마치는 글

옮긴이의 글

이 세상에 존재하는 엄마들은 모두 좋은 엄마이다. 그런데도 모든 엄마들은 더 좋은 엄마가 되려고 언제나 최선을 다하고 있다. 좋은 엄마가 되는 방법에 대해 많은 사람들이 글을 썼지만 아직 그 정답은 없다. 좋은 엄마라는 개념 자체에 완벽하고 올바른 해석이 불가능하기 때문이다.

이 책의 저자는 좋은 엄마가 되기 위한 방법으로 엄마들에게 'MOMfulness'를 연습하라고 권한다. 'MOMfulness'는 우리말로 '모성충만母性充滿'이라 번역할 수 있는데, 엄마가 정성스럽고 자비로운 마음으로 아이들에게 주의를 기울이고 생각과 행동을 구체화하면 좋은 엄마가 될 수 있을 뿐만 아니라 지역사회의 가치와 사물에 존재하는 영성까지도 감지하게 된다는 의미를 가지고 있다. 'MOMfulness'를 연습하는 것은 이미 부과된 엄마의 역할에 더 많은 것을 첨가해서 완벽한 엄마가 되라고 강요하는 것이 아니며, 엄마가 끊임없이 정신과 육체의 성숙을 위해 노력하면서 그 안에 존재하는 은총恩寵에 감사하는 영성 연습이라고 저자는 설명한다. 저자는 또한 좋은 엄마가 되기 위해서는 다음과 같은 여섯 가지의 정신적 훈련이 필요하다고 주장한다.

1. 엄마는 아이들과 완벽하게 함께 있어 주어야 한다. 그냥 몸만 함께 있고 정신과 마음은 다른 데 가 있다면 좋은 엄마가 될 수 없다. 지금 현재의 순간은 인생에서 단 한번밖에 없는 순간이므로 '존재한다'는 단어의 참 의미에 맞게 아이들과 함께 하고 그런 훈련을 통해서 자신의 정신과 육체를 성숙시켜야 한다.

2. 좋은 엄마가 되기 위해서는 자기 자신과 아이들과 가족들과 자연세계에서 일어나고 있는 현상에 주의를 기울여야 한다.

3. 이 모든 연습을 통해 엄마는 아이들과 자신을 향해 자비로운 마음을 가질 수 있어야 한다. 정신없이 바쁘게 변하는 일상 속에서 잠시 멈추어 서서 자기를 돌아보고 자기와 아이들에게 필요한 것이 무엇인가에 귀 기울일 수 있어야 한다. 그리고 아이들의 성장을 재촉하지 말고 기다려 주어야 한다.

4. 좋은 엄마가 되어야겠다는 생각과 행동을 구체화하고 명상을 통해 그것을 계속 연습해야 한다.

5. 이 우주 삼라만상에 존재하는 영성을 믿고, 보이지는 않으나 언제나 함께 있는 은 총 속에서 자신과 가족과 세계의 평화, 인류의 인권 회복을 위해 마음을 써야 한다.

6. 자신이 속해 있는 지역사회의 가치를 인정하고 지역사회를 위해 봉사해야 한다.

신학과 상담심리학을 전공한 저자는 방대한 자료들을 광범위하게 다루고 있어 다소 산만하게 느껴질 수도 있으나 여섯 가지의 정신적인 훈련을 소개하고 실제로 연습할 수 있는 명상법을 제시한 것은 좋은 엄마가 되려고 노력하는 독자들에게 새로운 아이디어를 제공하는 것이라 생각한다.

자녀들의 인격적인 성숙보다는 자녀들의 현실적인 경쟁과 성취에만 집착하느라고 자신의 성숙이나 성장을 뒤로 미루고 있는 현대의 우리 엄마들에게 시사하는 바가 큰 책이어서 번역하면서 많이 배우고 많이 생각하였다.

나는 은퇴한 후에 시작한 번역 작업에 나름 심취해 있다. 은퇴한 교수가 훌륭한 분들의 좋은 책을 우리말로 번역해서 많은 사람들에게 소개하는 일이 상당히 가치 있는 일이라고 생각하며 더 좋은 번역을 하고 싶은 열망 속에서 이 책을 번역했다. 부족한 번역을 늘

좋게 받아들여주는 시그마북스의 강학경 사장님과 편집과 교정을 세밀하게 맡아준 편집부 직원들에게 진심으로 감사한다.

2008년 5월

이혜성

들어가는 글

그때 스물일곱 살의 내가 졸업장을 받기 위해 교회 강대상 앞으로 뒤뚱거리며 내려가고 있었다. 18개월 된 아들을 안고 뱃속에는 곧 태어날 둘째 아이를 간직한 채 걸어가고 있었다.

4년 동안 신학교에서 공부한 나는 신학 석사학위를 받게 되었다. 나는 목사가 되고 싶었다. 사랑의 교훈과 가치, 자비로운 마음, 용서, 사랑 이런 것들을 실천하고 싶었다. 그러나 그때 내가 졸업장을 받으면서 새내기 엄마로서 막 깨닫기 시작한 것은, 영성 연습은 교회에서 신도들에게 하는 설교를 통해서라기보다는 궁극적으로 내 아이들을 보살피는 것을 통해서 이루어질 것이라는 사실이었다! 빵을 자르고, 와인을 마시는 교회 의식을 통해서가 아니라 가끔 부엌에서 아이들에게 크래커와 초콜릿 밀크를 준비하는 행동을 통해서 영성은 연습될 것이라고 깨닫기 시작한 것이다.

네 아이의 엄마로서(다섯 째 아이를 입양한 엄마로서), 엄마 역할은 여성이 다양한 방법을 통해 자신을 확장시켜 가는 과정이라는 것을 증명할 수 있다. 나는 육체적으로, 정신적으로, 정서적으로, 영성적으로 발전하였다. 가족에 대한 나의 좁은 개념이 확대되었고, 내 자신도 현재의 모습으로 성장했다(때때로 채이고 소리 지르면서). 무서운 도전과 엄청난 사랑을 통해서 내 마음은 내가 생각조차 못했던 만큼 성숙했다.

엄마 역할은 오늘날까지도 계속해서 나를 발전시켜가고 있으며 내게는 그 끝이 보이지 않는다. 엄마 역할은 많은 영성 훈련 프로그램에서 주는 교훈을 가르친다. 엄마로서 아이들과 정말로 함께하도록 변화시키고, 세심하게 주의 집중하는 것이 중요하다는 것과 깊이 있고 자비로운 마음이 필요하다는 것을 가르친다. 생각과 행동을 구체화 하는 모든 행사를 가르칠 뿐만 아니라 모든 사물에 존재하는 영성을 깨닫게 하고, 공동체가 발휘하는 힘에 대해서도 가르친다.

모성충만이라는 단어는 엄마가 영성 연습을 계속하면서 엄마 역할을 충실히 해 나가는 것을 지칭할 때 내가 쓰는 말이다. 정성스럽고 자비로운 마음으로 엄마의 사명을 다하게 되면 엄마의 마음은 눈을 뜨게 되며, 삶은 변화할 것이며, 영적인 길로 가게 된다.

엄마들은 아이들과 가족을 돌보는 일이 영성 연습을 방해하는 것이 아니라 그 연습의 핵심이라는 것을 발견하게 된다.

남편과 나는 부엌 테이블에서(아주 적절하게도) '모성충만'이라는 단어를 생각해 냈다. 그 이후로 나는 '모성충만'이라는 단어가 가지고 있는 의미를 더욱 깊이 음미하게 되었다. 큰아들 벤은 '모성충만'을 '엄마 영역으로 들어간다'는 의미로 해석하는데 그의 해석은 다른 것과 마찬가지로 특색이 있다. 단어는 그 의미를 제대로 함축하지 못한다. 왜냐하면 '모성충만'은 경험을 통해서만 충분히 이해되기 때문이다. 이 책에 소개되는 내용이나 연습은 여러분이 자신의 삶에서 의식적인 엄마 역할을 할 수 있도록 구성되었다.

나는 모성충만의 영성 연습에 여러분을 초대한다. 아이들에게서 촉촉한 키스를 받을 때, 아주 나른하게 지쳤을 때, 마음이 찢어질 듯 아플 때, 마음이 넓게 열릴 때, 우리의 정성스러운 마음, 자비로운 마음, 엄마로서 존재하는 마음을, 우리 아이들과 우리를 둘러싸고 있는 세계와 함께 연습하면서 우리를 가꾸어 보자.

우리 속에 있는 엄마를 발견해야 한다. 우리 모두 그래야 한다.

우리에게 우리 자신의 엄마가 있다 하더라도,

우리 자신 속에 있는 엄마의 모습을 찾아내야 한다.

모성충만 母性充滿

나는 여러분에게 솔직하게 말하고 싶다. 모성충만은 완벽한 엄마가 되라고 말하는 것이 아니다. 모성이 축복이라는 것을 말하려는 것도 아니다. 항상 축복이 되는 일이란 세상에 없다. 나는 엄마인 것이 자랑스럽지만, 때로는 엄마 역할이 나를 녹초로 만들고, 속상하게 만들고, 한계를 느끼게도 한다.

모성충만이 여러분에게 이미 부과된 엄마 역할에 무언가를 더 얹어주려는 것도 아니다. 만약 여러분이 너무 바빠서 영성 연습을 하기 어렵다면, 다시 한 번 생각해 주기 바란다. 여러분은 내가 말하는 이 영성 연습을 여러분이 처해 있는 바로 그 자리에서 할 수 있다. 더러운 기저귀를 갈아줄 때, 극성스러운 10대 아이들과 싸울 때, 직장 일과 집안일을 균형 있게 하려고 애쓸 때, 그래서 어떤 일도 할 수 없다고 생각될 때 필요한 연습이다.

모성충만의 연습을 온 종일 명상 의자에 앉아서 할 수는 없다(그렇게 하는 것이 대단히 위험하다고 말하는 것은 아니다!). 모성충만은 일을 하면서 하는 연습이다. 운전을 하거나 요리를 하면서, 일하거나 기다리면서 또는 울거나 기뻐하면서 무슨 일인가를 기념하면서 하는 연습이다. 때때로 혼자만의 고독한 정적靜寂의 순간을 갈망하면서 하는 것이다. 그리하여 마음속에서 자신이 간절히 원하고 있는 것이 무엇인지에 귀를 기울여 볼 수 있게 하는 것이다. 그러므로 대부분의 경우 모성충만은 바쁘게 집안일을 하면서도 어떻게 깊은 생각을 할 수 있는가를 배우는 것이다.

정의定義하기

그렇다면 모성충만은 무엇인가? 그 단어의 정의부터 정리하고,
그 속에 담겨진 중요한 개념을 간단히 살펴보기로 하자.

모성충만은 엄마가 정성스러운 마음과 자비로운 마음으로
아이들과 충분히 함께 있어 줄 수 있도록 훈련해가는 영성 연습이다.

• • • • 모성충만은 정성스러운 마음이다

간단히 말해서 모성충만은 어떤 순간에 일어나는 어떤 일들을 판단하지 않고 있는 그대로 인정하는 것이다. 지금, 여기서 일어나고 있는 일들, 내 몸과 마음에서 일어나고 있는 일들을 포함한 모든 일들을 관찰하는 것이다. 이런 일들이 나를 지루하게 하는가? 화 나게 하는가? 두렵게 하는가? 기쁘게 하는가? 일이 이렇게 되어야 하고, 저렇게 되어서는 안 된다고 나에게 말하는가? 모성충만은 판단하지 않고 그냥 가만 뇌두는 것이다. 정성스러운 마음을 가진다면, 무슨 일이 일어나든지 간에 그것을 그대로 인식하고 받아들일 수 있다.

그러나 모성충만을 실제로 실행하는 것은 그렇게 단순하지가 않다. 여러분은 어떤지 모르지만, 나는 내 인생의 98.9%를 지금 바로 이 순간 무슨 일이 일어날지 모르면서 보내고 있다. 엄마로서, 우리는 온갖 잡생각을 하고 있다. 근심 걱정, 스트레스 그리고 인생이 어떤 특정한 방향으로 흘러가고 있다는 데 익숙해진다. 우리의 육체가 어떤지, 우리가 무엇을 원하는지 깊이 생각하지도 않고 한 가지 일에서 다른 일로 달려가고 있다. 우리는 많은 날들을 가족들과 눈도 맞추지 못하면서 보낸다. 우리의 생각, 판단 그리고 의무 속에서 생각 없이 살아가고 있다. 우리는 이런 것이 현실이라 믿으며 많은 것을 잃어버리고 있다.

만약 우리가 하루 또는 단 몇 분간이라도 우리 마음속의 말을 도청할 수 있다고 가정해 보자. 그러면 아마 머릿속에서 끊임없이 녹음기가 돌아가고 있다는 것을 발견하게 될 것이다. 어제 일어났던 일을 생각하고 있을지도 모르고, 내일 어떤 일이 일어날지에 대해 걱정하고 있을지도 모른다. 자신은 그다지 훌륭하지도 못하고 영리하지도 못하며 날씬하지도 못하고 아이들을 버릇없이 키운다고 스스로에게 말하고 있을지도 모른다. 그럴 때는 그냥 마음을 편안히 하고 그것들에 대해서 호기심을 가져보자.

이 책에서 우리는 일상생활을 정성스러운 마음으로 보낼 수 있는 여러 가지 연습들을 해 볼 것이다. 그러나 이런 연습은 시작에 불과하다. 정성스러운 마음을 발전시키는 가치 있는 자료들이 주위에는 많이 있다. 그래서 나는 여러분 자신을 위해서 이런 것들을 연습해 보라고 권하고 싶다.

• • • • 모성충만은 자비로운 마음이다

영어의 'compassion자비로운 마음'이라는 단어는 '무엇으로 고통을 받는'이라는 뜻의 라틴어에서 나왔다. 이 단어는 어떤 것 때문에 고통을 받고 거기서 헤어나고 싶어하는 소망을 깊이 인식하는 뜻으로 정의된다. 히브리어로는 '자비로운 마음'이라는 단어가 '라함raham'인데 레헴rehem, 즉 '자궁'이라는 뜻에서 나왔다. 자비로운 마음을 가진다는 것은 다른 사람을 자신의 자궁처럼 느낀다는 것이다. 마치 당신의 자궁 속에 당신의 아이를 품고 있는 것처럼 사람을 사랑으로 대한다는 것이다.

모성충만을 연습하면서, 우리는 남에 대해서 자비로운 마음을 가질 뿐만 아니라 우리 자신에게도 자비로운 마음을 가질 수 있도록 노력할 것이다. 자신의 고통을 인식할 수 있는 능력을 키우고 내가 얼마나 지쳐있는가, 얼마나 열심히 일하고 있는가, 얼마나 모르는 것이 많은가에 대해서 인식할 수 있는 능력을 키워갈 것이다. 자신을 용서할 수 있는 능력을 키우고, 자신을 사랑하고, 자신이 원하는 것을 줄 수 있는 능력을 키워갈 것이다. 마음을 열고 내 인생에서 가장 어려웠던 경험들까지도 내 친구로 만들어 갈 것이다.

내 자신에 대해 더 참을성을 갖게 되고 자비로운 마음이 생기게 되면, 아이들에게도 그런 마음을 베풀 수 있게 될 것이다. 아이들이 얼마나 고통스러워하는가를 알게 될 것이고, 이해하기 어려운 아이들의 행동 속에 무슨 이유가 숨겨져 있는지를 더 잘 이해하게 될 것이다. 이런 인식이 늘게 되면, 그냥 반동적으로 아이들을 대하는 것이 아니라 도움을 줄 수 있는 방법을 찾을 기회가 더 많아질 것이다.

우리의 자비로운 마음은 가족에게로 확대될 것이다. 우리 사회와 이 세계에서 엄청난 괴로움을 당하고 있는 사람들에 대해서도 자비로운 마음을 갖게 될 것이다. 이런 마음으로 인해 당황해 하기보다는 오히려 이런 마음을 갖도록 계속해서 연습해야 한다. 고통을 피하거나 고통이 우리를 무감각하게 내버려 두기보다는 고통을 보듬어 안을 수 있는 역량을 키우자. 우리의 마음을 열고, 도움이 되는 자비로운 마음으로 행동하도록 하자.

• • • • 모성충만은 엄마 역할이다

엄마가 되는 것은 나를 변화시킨다. 나의 심리적, 신체적, 정신적 그리고 정서적 영역은 심오한 변화를 겪게 된다. 현재 포담Fordam 대학교 교수인 엘리자베스 스톤Elizabeth Stone 은 "당신이 아이를 갖겠다고 결심하는 데는 순간적인 짧은 시간이 필요하다. 당신의 마음이 당신의 육체를 떠나서 당신 주위를 맴돌게 만드는 결심을 하는 데에는 영원한 시간이 걸린다"라고 말했다. 엄마가 된 후에는 나만을 생각하는 것은 불가능하다. '나'는 '우리'가 되고 그 전과 똑같은 것은 아무것도 없게 된다.

엄마 역할(당신이 무슨 말인지 모른다면!)은 애플파이나 사탕처럼 달콤한 것이 아니다. 엄마의 원형原型은 복합적인 것이다. 엄마 역할은 젖을 먹이고, 보호하고, 창조적이고 필요하다면 맹렬하게 분노하거나 파괴적일 수도 있다. 모성충만을 연습하면서, 엄마 역할이

상황에 따라 변화될 필요가 있다는 것에 주의를 기울여야 한다. 힘이 있는 엄마 역할의 단계로 언제 어떻게 들어가고, 엄마 역할의 범위를 언제 어떻게 발전시켜야 하는가를 배우게 될 것이다.

시인 젤마 브라운Zelma Brown이 절묘하게 표현한 것처럼 엄마 역할은 다양하다.

나는 세계를 구원할 만큼
큰 손을 가졌고,
요람 속 어린애를 잠재울 만큼
작은 손을 가지고 있다.

모성충만을 연습하면서 우리는 아이들을 위해서만이 아니라 우리 자신을 위해서도 엄마 역할을 해야 한다. 나는 환자(대개 엄마들)를 치료할 때 그들 자신 속에서 자신을 위한 엄마 역할을 하고 부모 역할을 하는 능력을 기르도록 도와줄 때가 있다. 자신이 자신을 위한 긍정적인 엄마 역할을 배우게 되면, 스트레스 받고 불안감을 느낄 때 자신의 감정을 훨씬 부드럽게 누그러뜨릴 수 있게 된다. 그렇게 되면 훨씬 더 자비로운 마음으로 엄마 역할을 하게 된다.

모성충만 연습 세미나에서 내가 엄마들에게 "뭐가 가장 필요하세요?"라고 물었을 때, 제일 많이 나온 대답은 "시간이 좀 더 있었으면 좋겠어요!"였다. 그래서 나는 요술 지팡이를 흔들어서 엄마들에게 매일 12시간을 더 달라는 주문을 했다. 낮잠을 자거나 운동을 할수 있고, 쓰레기통을 비우지 않아도 되고, 세탁 바구니를 채우지 않아도 되는 12시간을 갖게 되었다는 상상을 하면서 엄마들은 기쁨과 현기증을 느꼈다. 그러나 그 순간이 지나자 금방 현실감이 찾아왔다. 엄마들은 내일이 되면 달력은 또다시 잡다한 일로 채워질 것이고 일주일쯤 지나면 여전히 시간이 없다며 불평하게 될 것임을 알기 때문이다. 즐거웠던 그 여유의 시간이 얼마나 빨리 사라지는지 다들 놀랐을 것이다!

  엄마들은 시간이 마술적인 해결책이 아니라는 것을 알았다. 그러면 무엇이 해결책일까? 나는 우리가 간절히 원하는 대부분의 문제는 근본적으로 우리에게 주어진 현재 시간을 철저하게 살지 못한다고 느끼는 데에 있다고 생각했다. 하루에 한정되어 있는 24시간을 제대로 살고 있는가? 그 시간에 진정으로 완벽하게 존재하는가? 지금 이 순간? 우리는 정말로 존재한다는 그 가장 깊은 의미에 맞게 존재하고 있는가?

  주어진 순간에 완벽하게 존재하고 있다는 것은 심오한 의미를 갖는다. 우리의 삶의 질뿐만 아니라 가족의 삶의 질에도 큰 영향을 미친다. 엄마로서 아이들과 갖는 상호작용은 문자 그대로 아이들의 뇌 활동과 기능을 형성하는 데 상당한 영향을 끼친다. 이 사실만

가지고도 모성충만 연습, 즉 엄마가 아이들과 충분히 함께 있어 주면서 아이들과 접촉하는 연습은 장기적인 효과로 볼 때 중요한 역할을 한다.

● ● ● ● 모성충만은 가꾼다는 의미이다

'가꾼다'는 단어는 정원을 손질하는 데 쓰이는 말이다. 이 말은 '밭을 갈다'라는 라틴어에서 나왔다. 사전적 정의는 '개량하고 준비하다', '흙을 부드럽게 하고 파헤치다', '자라게 하고 부드럽게 한다', '성장을 촉진시킨다', '영양을 주고 기른다', '연관성을 찾다' 또는 '친구로 만든다' 등의 뜻을 포함한다. 이런 정의들은 모두 모성충만이라는 뜻에 적합한 말들이다. 우리는 정성스러운 마음과 자비로운 마음으로 엄마 역할을 실현한다. 우리 안에 있는 땅을 부드럽게 하고, 뒤집고, 자라게 하고 자신에 대해 알아가면서 엄마 역할을 하게 된다.

가꾼다는 의미는 정원을 가꾸는 일처럼 직선적으로 이루어지는 작업이 아니다. A포인트에서 시작하면 곧바로 B의 결과를 가져오는 작업이 아니며 일상의 모든 토질적인 요소들이 함께 작용해서 가꾸는 것이다. 비, 가뭄, 해충, 햇볕, 잡초, 좋은 것들과 나쁜 것들, 추한 것들과 더불어서 작용하는 것이다. 무슨 일이 일어났던지 간에 모든 것은 우리에게 이익이 된다. 이 모든 것들을 우리의 이익을 위해 이용하면서 우리는 마음속에서 또는 주위에서 일어나는 것들을 단순히 보고, 듣고, 관찰하고, 옳고 그름을 판단하는 대신에 "아,

이건 참 재미있는데!"라고 말할 수 있게 된다.

우리가 정성스러운 마음과 자비로운 마음을 가꾸게 되면 우리와 아이들에게 필요한 것들, 순간적으로 필요한 것들을 이해하는 능력이 향상된다. 아울러 우리는 자라나는 생명들에게 더 빨리 자라라고 재촉할 수 없다는 것을 인식하기 시작한다. 참을성을 갖는 것은 무엇을 가꾸는 데 있어서 가장 핵심적이고 건강한 마음가짐이다. 참을성은 우리가 경험하고자 하는 부모의 덕목 중 하나이다. 이 덕목은 좋아하거나 좋아하지 않거나 간에 매일 경험하지 않으면 안 된다!

자, 이제 우리는 정성스러운 마음과 자비로운 마음으로 엄마 역할을 가꾸는 작은 계획을 은총恩寵 안에서 지켜보기로 하자. 이제 모성충만 연습을 통해 아이들이 진심으로 원하는 엄마가 되어 보자. 우리는 자신을 위해서도 모성충만을 연습하자. 우리가 간절히 원하는 모습의 엄마가 되어 보자. 그리고 세계를 위해 모성충만 연습을 해 보자. 강력하고, 현명한 지혜를 동원해서 모든 아이들과 모든 존재들이 진정으로 원하는 엄마 역할을 실행하고 연습해 보자.

모성충만이 필요한 이유

지금은 젊은이가 된 나의 세 아들들은 모두 대학에서 이과理科를 선택했다. 벤은 신경과학을, 데이브는 미생물학 학위를 받았고, 맷은 생리심리학을 전공하고 있다. 나는 영문학을 전공했고, 이과理科는 내 적성이 아니었다. 그러나 나는 아이들을 통해서 많은 것들을 배웠다. 지금도 나는 매일 과학적인 사실들을 발견하고 매우 깊은 흥미를 느끼고 있다. 그중 몇 가지를 여러분에게 이야기하고 싶다. 왜냐하면 오늘날 우리 나이에는 모성충만 연습을 대수롭지 않다고 여기게 되는 것과 마찬가지로 이런 과학적인 발견들을 대수롭지 않게 여기기 때문이다.

• • • • 스트레스는 전염된다

동조화同調化는 1666년 네덜란드 물리학자가 추가 달린 흔들 시계를 연구하다가 만들어낸 용어이다. 그는 추가 달린 두 개의 흔들 시계, 각각 다른 속도로 흔들리는 흔들 시계를 서로 가까이에 놓으면 똑같은 속도로 추가 흔들리게 된다는 것을 발견했다.

이 동조화의 원리는 하나의 물체가 다른 물체에 영향을 미쳐서 '동시에' 움직이게 된다는 것인데, 이것이 인생살이에서도 발견되는 것이다. 만약 두 개의 심장 세포가 서로 가까이에 있게 되면 그것들은 공통의 박자로 동조된다. 여성 둘이 좁은 공간에서 함께 살면 월경주기가 같아지게 된다. 우리가 해변가에 앉아 있으면 실제로 우리 자신도 흔들리고 있음을 느끼게 된다. 들어왔다 나갔다 들어왔다 나갔다 하는 파도의 움직임에 우리가 동조되고 있기 때문이다.

당신이 사랑하는 아이나 연인을 안고 있다고 생각해 보자. 당신과 상대방의 호흡이 동조되고 있다는 것을 알아차리게 되는가? 설령 알아차리지 못한다고 하더라도, 당신의 심장 박동과 뇌파는 서로에게 동조되고 있다. 신체접촉을 통해서 서로 심오한 영향을 받게 되고 문자 그대로 상대방을 닮아가게 되어 있다.

여기까지는 좋다. '오늘날 우리는 어떤 리듬에 따라 동조되고 있는가?' 라고 물어 본다면, 우리가 왜 늘 피로에 지치게 되는지를 이해하게 된다. 기계 문명이 우리들의 매일 매일의 생활을 변화시키고 있다. 연속적인 소음과 속도, 너무나 많은 정보들이 우리를 변화시키고 있다. 눈에 보이지는 않지만 강력한 영향력을 가진 리듬, 정신 차리고 있지 않으면 우리 삶을 변화시켜버린다는 것을 쉽게 추적할 수 없는 어떤 리듬에 우리는 동조되고 있는 것이다. 우리를 둘러싸고 있는 스트레스는, 문자 그대로 상당한 전염성이 있다.

몇 년 전, 샌프란시스코 동물원에서 있었던 기이한 사건은 리듬의 동조화가 얼마나 무섭고 쉽게 일어나는지를 보여주는 예이다. 여섯 마리의 작고 사랑스럽고, 말을 잘 듣는 펭귄이 오하이오에서 샌프란시스코 동물원으로 옮겨왔다. 샌프란시스코 동물원에는 크고 상당히 게으를 뿐만 아니라 비열하기까지 한 46마리의 펭귄이 있었다. 그 작고 말 잘 듣는 여섯 마리가 샌프란시스코 펭귄 아일랜드에 들어가자마자 그곳에 어떤 변화가 일어났다.

두 시간 이내에, 오하이오에서 온 여섯 마리의 펭귄들은 이미 거기 있던 46마리의 펭귄에게 자기네들과 같이 풀에 들어가야 하는 것은 물론이고 이리 저리 움직이라고 설득했던 것 같다. 샌프란시스코의 펭귄들은 그동안 아무 데로도 움직여본 적이 없음에도 불구하고 오하이오 펭귄들에게 설득당했다. 단 두 시간 만에 기존에 있던 펭귄들은 신참자들에게 동조되었던 것이다.

그래서 거의 석 달 동안 52마리의 펭귄들은 주위를 빙빙 돌고 수영을 하면서 방문객들을 어지럽게 했다. 펭귄들은 잠자는 몇 시간 동안만 물 밖에 나왔다가는 다시 물속으로 들어갔는데, 이런 행동이 언제 끝나게 될지는 아무도 몰랐다. 46마리의 기존 펭귄들은 여섯 마리의 신참펭귄들이 도착하기 전에는 집에서 나오려고 하지도 않았다. "전에는 그놈들을 끌어내려면 수류탄을 터트려야 했지요." 이 기이한 현상에 어리둥절한 사육사 제인 톨리니의 말이다. 펭귄들이 모두 원을 그리면서 계속 수영하는 것을 보고 제인이 "나는 저 펭귄들이, '금방 야자나무를 보았지? 그전에는 여기 와 보지 않았던가?' 라고 하면서 앞으로 계속 갈 것만 같아요"라고 농담을 했다.

그 미친 듯한 행동은 풀에 물이 없을 때에도 계속되었다. 펭귄들은 건조한 풀 속으로 그냥 뛰어들어서 바닥에 부딪치곤 했다. 사육사의 말로는 먹이를 주는 시간은 지옥이라고 했다. "나는 지금 드라이브 인 식당에 온 것 같아요. 그놈들이 나를 쳐다보다가도 내 손에 있는 생선들을 보기만 하면 그냥 생선만을 나꿔채 가는 거예요."

물이 없는 건조한 풀에서 약간 제정신이 아닌 듯한 펭귄 떼들이 대이동 하는 것을 보면 웃음이 절로 나온다. 그러나 우리도 저 펭귄들처럼 맹목적으로 수영을 하고 또 하는 것은 아닌가 하고 자신의 모습을 상상하게 되면 쓸쓸해진다. 우리는 과연 얼마나 자주 멈춰 서서, 우리가 어디로 가고 있으며 왜 모두 그토록 급하게 어디엔가 도착하려고 하는지 물어보는가? 우리를 둘러싸고 있는 삶의 속도에 얼마나 동조하고 있는지를 인식하고는 있는가?

많은 엄마들은 자기가 너무 많은 일을 하고 있다고 생각한다. 그러나 어떻게 그 풀에서 빠져나올 수 있는가에 대해서는 알지 못한다! 좀 다른 길로 가고 싶지만 어떻게 가야 하는지를 모른다. 모든 사람들이 마치 어디론가를 향해 뛰어가고 있는 듯한 이 경주에 참여하는 것은 아주 쉬운 일이다. 우리의 아이들까지도 이 스트레스 많고 끝이 없는 리듬에 동조하고 있는데, 우리는 그 대가가 어떨지를 깨달아야 한다.

모성충만 연습을 통해서 우리는 자신과 가족들이 조금은 제정신으로 돌아올 수 있게 도울 기회를 갖게 될 것이다. 우리는 생활 리듬을 바꾸는 실험을 할 것이다. 우리가 하고 있는 일과 우리를 몰아가고 있는 일에 더욱 정성을 다하게 될 것이다. 이런 인식이야말로 우리 자신을 자유롭게 하고 다른 선택을 할 수 있게 하는 것임을 발견하게 될 것이다. 어떤 영역에서는 다른 영역에서처럼 아주 많은 선택권이 우리에게 없다는 것을 인정해야 한다. 그러나 가정생활에서는 우리가 바꿀 수 있는 것들이 많고 삶의 속도를 좀 줄여서 더욱 건강하고 스트레스 덜 받는 생활로 만들어 갈 수 있다고 생각한다.

다른 한 가지의 예를 들어보자. 우리는 마음속에 '해야만 하는 것들'을 너무나 많이 담고 있어서 미친 듯이 무슨 일인가를 하지 않으면 안 되게 자신을 몰고 간다는 것을 알고 있다. "나는 완벽한 엄마가 돼야만 해." "우리 아이들은 과외 활동을 많이 해야만 해." "생일 파티는 굉장히 근사하게 해야만 돼. 사람들이 하는 것처럼 말야." 이런 마음속의 메시지에 대해서 의아해 하기 시작하면 그것이 삶에 끼치는 막강한 힘을 알아차리게 되는 순간이 오게 된다. 그러면 그것들이 그렇게 대단하게 느껴지지 않게 된다. 펭귄처럼 맹목적으로 풀을 돌고 있는 우리가 다른 사람에게 자비로운 마음을 가지기 시작하면 어쩌면 다른 방법을 찾게 될지도 모른다.

그 동물원 이야기에서 기억해야 할 좋은 점은, 단지 여섯 마리의 펭귄이 46마리의 펭귄의 행동을 변화시켰다는 사실이다. 만약 점점 더 많은 엄마들이 "이것이 나와 내 아이들을 위한 일인가? 이 미친 듯한 삶의 속도가 정상이 아니라는 것을 알려 줄 수 있는 사회적인 변화는 무엇일까?"라는 질문을 한다고 상상해 보자. 더 많은 숫자가 더 건강한 속도로 변하게 된다면, 우리 가족만이 이익을 받는 것이 아니라 사회 전체가 이익을 받게 될 것이다.

● ● ● ● 관계가 우리를 형성한다

샌프란시스코 동물원에서 5마일밖에 떨어지지 않은 곳에 위치한 UCSF 메디컬 센터에 있는 세 명의 정신과 의사 토머스 루이스, 화리 아미니, 리차드 라논이 최근 『사랑에 대한 일반 원리A General Theory of Love』라는 책을 저술했다. 이 책에는 아기가 태어날 때 가까이에 있는 사람한테서 깊은 영향을 받는다는 최근의 연구가 소개되었다. 저자들은 우리의 뇌가 사랑하는 사람과 어떻게 연결되어 있고, 그 결과로 우리가 누구이며 어떤 사람이 될 것이라는 예상을 할 수 있다고 했다. 크게 보면 우리는 사랑하는 사람에 의해서 형성되어 가고 있다고 했다. 동조화의 과정에서 우리의 뇌는 사랑하는 사람의 리듬에 연결되고 그것이 뇌의 기능을 구성하고 변화시킨다고 했다. 따라서 서로의 정서 상태를 살피고 자신을 거기에 맞춘다고 한다.

대부분의 대화는 — 90% 이상이 — 비언어적이다. 가족들과 눈을 맞추고 있는가? 어떤 목소리를 내고 있는가? 아이들과 이야기할 때 시간과 집중하는 정도가 일치하는가? 이런 비언어적인 대화로 아이들은 엄마가 자기들을 어떻게 보고, 어떻게 이해하며, 어떻게 사랑하고 있다는 것을 알게 되는 것이다. 아이들이 자신에 대해서 건강한 이미지를 갖게 되는 것은 전적으로 부모가 아이들과 맺는 친밀함에 달려 있고 그것은 대화를 통해 형성되며, 말 속에 숨겨져 있는 의미의 정도에 따르는 것이다. 아이들에게 어떤 어조로 이야기하느냐에 따라서 아이들 삶의 형태는 달라지고 똑같은 방식으로 아이들은 우리의 삶을 만들어 준다.

현대의 기계 문명과 기술 문명 속에서, 인간의 섬세하고 비언어적인 신호는 대수롭지 않게 여겨지고 지나쳐버리기 쉽다. 그러나 아이들의 느낌에 대한 이 연구 결과는 너무나 명백해서 많은 사람들이 아이들과의 대화와, 아이들이 어떤 사람인가를 이해하려는 연구를 하고, 심지어 엔지니어들도 이런 연구에 뛰어들고 있다. 스페인의 한 아빠는 아기가 계속해서 우는 이유를 알 수 없어서, 이론적이라고 여겨지는 연구를 통해 하나의 기계를 발명했다. 그것이 바로 아기의 울음을 분석하는 기계이다.

예전에 나는 개를 기르는 사람들을 위해서 개의 울음을 해석하는 기계가 있다는 말은 들어보았지만, 아기 울음을 분석하는 기계가 있다는 소리를 듣고는 믿을 수가 없었다. 그 기계는 20초 동안 아기의 울음소리를 듣고, 울음소리의 높이와 울음이 얼마나 자주 끊기는가, 울음소리의 크기가 얼마나 변하는가를 측정한다. 그러면 "자, 봐라! 조그만 아기의 얼굴에 배가 고픈가, 심심한가, 불편한가, 잠을 못 자서 스트레스를 받고 있는가의 다섯 가지 상태를 나타내는 불이 들어온다." 그런 증상을 적은 차트와 함께 이 기계를 이용하면, 그 성공률은 98%에 이른다. 그러면 부모는 어떻게 대응해야 할지를 알게 된다.

나는 부모가 아이들의 정서적인 표현을 배워서 그 리듬에 맞춰야 한다는 사실에는 전적으로 동의하지만, 이 기계에 대해서는 의아함을 가진다. 20초 간격으로 아이들의 정서를 알게 되는 이런 기계를 돈 주고 사느니 차라리 아이들과 부모의 마음속에서 어떤 일이 일어나고 있는지를 분석하고 이해하면 어떨까? 기계로 하여금 듣고, 알아차리고, 실수를 저지르게 하는 대신에 부모가 신뢰할 수 있는 것을 발견하고 아이에게 맞는 태도로 반응하면 어떨까?

아이들이 우리를 필요로 할 때마다 절대로 완벽하게 반응할 수 없다는 사실을 기억해야 한다. 때때로 아기들이 보내는 신호를 알아 듣지 못하거나 아니면 엄마가 너무나 지쳐서 그 신호를 들을 수가 없다. 그러나 놀랍게도 아이들은 끈질기다. '충분한' 부모가 되려면 아이들의 리듬에 맞추고, 그 반응이 아이들의 요구와 맞지 않으면 가능한 빨리 고쳐야 한다.

아이들이 어떻게 자신에 대한 느낌을 만들어 가는지 뇌 작용은 어떻게 발달하는지에 대한 정보는 엄마가 아이들을 어떻게 다룰까를 결정하는 데 아주 중요한 역할을 한다. (그런데 사회는 일하는 부모들을 위해 그들을 대신해서 아기나 아이들을 보호해 줄 수 있는 자격을 갖춘 보모들을 마련해 주어야 한다는 사실을 중요하게 여기지 않고 있다.)

동조화의 과정이나 아이들의 요구에 리듬을 맞추는 과정을 이해하게 되면, 정성스러운 마음과 자비로운 마음 그리고 충분히 함께 있어 주는 엄마야말로 아이의 발달에 절대적으로 긍정적인 힘을 준다는 것을 알게 된다. 만약 엄마가 계속해서 스트레스를 받고 있다면, 자신을 다독거리는 것조차 어렵게 느껴져 아이들을 내버려두게 된다. 만약 엄마가 여유가 없고 아이들의 요구에 대한 엄격한 선입관을 가지고 있다면 아이들과 진정으로 대화할 수 있는 기회를 잃어버리기 쉽다.

이 책을 통해서 우리는 더 건강한 방법의 동조화를 연습할 것이다. 우리 자신과 우리에게 필요한 무엇인가에 리듬을 맞출 수 있는 능력을 키울 것이며, 동시에 아이들이 원하는 무엇인가를 더 깊이 알게 될 것이다. 자, 이제 모성충만 연습의 가이드 라인을 살펴보기로 하자.

모성충만 연습 내용

앞에서 언급했던 대로 엄마로 산다는 것은 여러 가지 면에서 우리의 역할을 확장하게 한다. 우리가 변화할 수 있다고 생각하는 것 이상으로 우리를 변화시키면서 우리의 역할을 확장시킨다. 여러 가지 영성 연습에서와 마찬가지로 엄마 역할은 깊은 교훈을 준다. 우리는 이 책에서 깊은 교훈에 초점을 맞출 것이다. 엄마로서 아이와 충분히 함께 있어 주는 것, 주의 집중, 자비로운 마음, 생각과 행동을 구체화하기, 이런 모든 사물에 존재하는 영성, 그리고 공동체의 가치 등에 초점을 맞출 것이다.

각 장에는 수필, 관찰 내용 또는 이야기들이 포함되어 있다. 각 장의 끝에는 연습할 수 있는 구체적인 방법들이 적혀 있다. 이런 연습 내용을 개발하면서 나는 준비를 많이 하지 않고 짧은 시간에 쉽게 연습할 수 있도록 하는 데 신경을 썼다. 대부분의 연습은 일상생활에서 할 수 있는 것들이기 때문에 다른 것은 필요 없고 다만 의식적인 주의 집중만이 필요하다. 여러분은 모성충만 연습을 어디에서나 할 수 있다는 것을 알게 될 것이다. 가족들과, 집 안에서, 일을 하면서, 사람들과의 관계 속에서, 종교적인 전통 속에서, 어디서나 할 수 있다.

　이 책에서 나는 다양한 영성적인 자료들을 참고로 했다. 모든 엄마들은 어떤 종교적인 배경을 가지고 있든지 간에 살아오면서 기쁨과 도전을 모두 경험했을 것이다. 아리엘 고어Ariel Gore가 『엄마 여행The Mother Trip』에서 말했던 것처럼, "우리 신앙의 기초가 무엇이든지 간에 세상에 기도하지 않는 엄마가 있다고는 믿지 않는다. 모든 엄마는 숨어서라도 기도한다." 우리에게 힘이 되는 것을 서로 공유하게 될 때 우리는 풍성해진다. 나는 다른 종교에 대해 공부하면서 오히려 내 자신의 종교적인 전통을 더 많이 배울 수 있었다. 나는 여러분이 마음을 열고, 자신에게 의미가 있는 용어나 개념들을 정리해가면서 새로운 연습을 해 보라고 권한다.

　영성 연습에 대해서 우리가 가지고 있는 선입관은 좀 변화되어야 한다고 생각한다. 우리는 어디서 기도를 해야 하며, 어떻게 명상을 해야 하며, 무슨 일이 일어날 수 있는가를 생각하고, 신성은 어떤 모습일까에 대한 선입관을 가지고 있을 수 있다. 모성충만을 연습하게 되면 수도원에서가 아니라 작은 차 안에서 명상하고 있는 자신을 자주 발견하게 될 것이다. 이 즐거움을 맛볼 수 있는 순간이 언제나 많다는 사실을 새롭게 느끼게 될 것이다. 우리는 성지를 찾아 특별한 곳에 갈 필요가 없다.

　모성충만 연습에서 보는 사례들은 여러 자료에서 나왔다. 내가 몇 년 동안 지도해 온 워크숍 세미나에서, 심리치료사로서의 임상 경험에서, 그리고 가장 중요한 것은 엄마로서의 내 경험에서 나온 것들이다. 많은 여성들이 전에는 불가능하다고 생각했던 마음의 여유를 되찾고 말할 수 없이 기뻐하는 모습들을 많이 보았다(대부분의 엄마들이 경험하는 순간들이다). 어떤 엄마가 나에게 편지를 썼다. "대단히 감사합니다! 나는 우리 가족과 잘 살아가는 기술을 배웠어요. 전에는 그런 기술이 내게 있다는 걸 몰랐답니다." 이런 기술들은 우리 모두의 내부에 존재하는 것들이다. 우리는 서로에게 우리가 할 수 있다는 것을 계속해서 알려주어야 한다.

특별한 연습을 하는 데 있어서 연습에 대한 글을 읽기만 하는 것이 실제로 경험하는 것과는 다르다는 사실을 기억하기 바란다. 이 책은 그냥 단순히 읽기만 하는 책이 아니라 경험하는 책이라고 생각하기 바란다. 연습문제들을 실제로 해 보라. 당신에게 의미가 있다고 생각하는 것들을 말로 표현하라. 그것들을 당신의 종교적인 전통에 적용하라. 연습 해보기도 전에 판단하지 말고 전혀 모르는 상태에서 시작하라. 무엇을 발견하게 될 것인가? 오늘 하루만 이 연습을 해보면 어떨까? 만약 이 연습이 기쁨을 준다면 흥미를 느끼게 될 것이고 자양분이 될 것이다.

당신 자신을 관찰하라. 그리고 몇 주 동안에 당신의 육체가 변화되는 것을 눈여겨 보라. 마음이 평안해지고 정신과 마음이 열리면 당신은 다른 사람들과 전보다 더 가까워졌다고 느끼게 될 것이다. 당신 자신을 다정하고 자비로운 존재로 인식하게 될 것이다. 당신의 감각에 예민해질 것이며 때때로 스스로에게 저항하는 것을 느끼게 될 것이다. 그러나 그래도 좋다. 저항을 느끼지 않을 때 당신은 축복 받았다고 느낄 것이다. 모성충만이 당신에게 가르쳐주려고 하는 것을 편안한 마음으로 받아들여라. 자신에게 너그러워져라. 그리고 자신의 속도대로 움직여라. 계속해서 연습하면서 연습이 당신을 완벽하게 만들어주지는 않는다는 것을 인식하라. 연습은 그냥 연습일 뿐이다.

　　마지막으로 주의할 사항은 모성충만은 팀 스포츠이다. 당신 스스로가 이 책으로 연습하는 동안에 친구를 찾거나 이메일 파트너를 찾아서 당신이 하고 있는 일에 대해 의견을 나누어 보거나 모성충만 집단을 만들어 시작해 보라. 당신 자신을 위한 연습을 만들라. 서로를 지지하고 웃으면서, 서로를 맑은 정신으로 지켜가도록 노력하라.

충분히 함께 있기

엄마로서 우리가 가족에게 줄 수 있는 최대의 선물은 몸과 마음을 다해 충분히 함께 있어 주는 것이다. 우리는 가족을 위해 여기 저기 분주히 돌아다니기 마련이지만, 그것보다는 엄마로서 아이들과 충분히 함께 있어 주는 것, 현재에 충실히 존재한다는 사실이 더 중요하다.

현재의 순간에 충실히 존재한다는 것은 쉬운 일이 아니다. 우리는 여러 가지 일들을 동시에 균형 있게 하기 위해 소용돌이 치듯이 움직여야 하기 때문이다. 모성충만을 연습하면, 우리가 속해 있는 현재의 순간에 충실히 존재하고 주의를 기울일 수 있으며, 바쁜 움직임 밑에 깔려 있는 전체적인 의미를 발견할 수 있게 된다. 우리 집, 내 자신, 내 반려자, 가정생활에서 겪는 특별한 많은 순간들을 충분히 이해하고 음미할 수 있게 된다.

이 장에서는 지금 여기에 충실히 존재하는 법을 연습할 것이다. 모두 마음을 편안하게 하고, 현재 상황에서 벗어나 다른 곳으로 가고 싶다는 소원에서 자유로워져 보자. 내가 진정으로 원하는 것이 사실은 나와 아주 가까이에 있다는 것을 인식하자. 내가 진정으로 원하고 있는 것은 바로 이 순간에 있는 것들이다. 아이들의 눈동자 속에, 내 배우자의 마음 속에, 친구들의 다정한 포옹 속에 있는 것이다. 내가 진정으로 원하는 것은 나의 호흡처럼 가까이에 있는 것이다.

여러분이 모두 현재에 충실히 존재할 수 있기를 바란다. 바로 지금 여기서 매 순간의 선물을 인식할 수 있기를 바란다.

호흡 명상법

호흡하는 것은 정신을 빨아들이기 위해서이다.

－휴스턴 스미스 『기독교의 정신The Soul of Christianity』

어느 날 나는 데비의 전화를 받았다. 데비는 세 아이의 엄마인 젊은 여성으로 내 워크숍에 참여했었다. "나는 선생님이 가르쳐주신 호흡 명상법에 대해서 이야기하고 싶어요." 그녀는 내가 건네주었던 작은 카드에 대해서 말하고 있었는데 그 카드에는 명상에 관한 간단한 글이 실려 있었다.

"나는 아이들을 데리고 운전하면서 할 수 있는 호흡 명상법을 기억하고 싶었어요. 그래서 카드 하나를 뽑아 내 차에 붙여 놓았지요. 남편은 언제나 자신을 무종교자라고 선언하면서 '새 시대 후−후'라고 지칭하는 사람인데, 그 카드를 보고는 나를 비웃고 놀리는 거예요. '숨 쉬는 법을 기억하게 하는 카드라구?'라고 말이죠. 그런데 어느 날 우리 딸들이 피자 가게에서 친구들과 만난다며 거기에 데려다 달라고 했어요. 마침 나는 다른 약속이 있어서 남편에게 내 차로 아이들을 좀 데려다 주라고 부탁했지요. 네 시간 후에 남편이 돌아왔어요. 남편은 나에게 '당신이 차에 붙여 놓은 그 호흡 명상법 카드있지?' 라고 물어서 '그래서요!' 라고 했지요." 데비는 계속해서 말했다.

"글쎄, 그 카드가 아무것도 아니란 말은 아닌데, 그 카드가 없었으면 애들은 피자 가게에 못 갔을 거야' 라고 남편이 말하는 거예요"라면서 데비는 전화를 끊었다.

그 작은 카드에 쓰여져 있는 것은 베트남 승려 틱낫한의 간단한 호흡 명상법, 두 번 호흡하면서 하는 명상법이었다.

숨을 들이마시면서 나는 내 몸을 평안하게 하고,
숨을 내쉬면서 나는 미소 짓는다.
지금 현재의 순간에 머물면서,
나는 이 순간이 훌륭한 순간이라는 것을 안다.

나는 이 명상법이 내 자신을 현재의 순간에 집중하게 하고 내 몸과 마음을 다시 하나로 연결시켜주는 위대한 방법이라는 것을 알았다.

숨을 들이마시면서 나는 내 몸을 평안하게 한다. 호흡을 하면서 몸을 평안하게 하기 위해서 이 말을 되뇌이면 내가 몸을 가지고 있다는 사실을 알게 된다. 엄마로서 너무나 바쁜 나머지 머리로만 살아가기 쉽고, 내 몸이 무엇을 필요로 하는지는 잊기 마련이다. 숨을 들이마시면서 몸을 평안하게 한다면, 어깨는 편안해지고 스트레스 수준은 감소하기 시작한다.

숨을 내쉬면서, 나는 미소 짓는다. 아주 간단한 지시지만 그 효과는 엄청나다. 이것은 행복을 가장하거나 진짜로 느끼고 있는 것을 감추라는 것이 아니다. 보통의 순간에 존재하는 미소를 발견하라는 것이다. 많은 일이 미친 듯이 돌아가고 있을 때라 할지라도—아이들이 어떻게 할 수 없을 정도로 소란을 피우고, 같이 일하는 사람이 어떻게 해 볼 도리 없이 말썽을 부리는 순간이라 할지라도, 교통 체증이 몇 마일이나 이어지는 순간에라도—나의 어떤 부분은 미소를 지을 수 있다는 사실을 발견하라는 것이다. 마치 무슨 일이 일어나고 있을 때 아주 작은 틈새를 발견하고 그것을 통해 전체를 관찰할 수 있는 것과 같다. 그래서 미소 지을 수 있다.

지금 현재의 이 순간에 머문다. 두 번째 호흡을 하면서, 나는 과거나 미래를 생각하며 살고 있다는 것을 깨닫도록 한다. 이미 일어났던 일과 일어날지도 모르는 일에 대한 테이프 레코더가 계속 돌아가는 것과 같다. 테이프 레코더의 정지 버튼을 눌러 한숨 돌리고 현재의 순간에 머무르게 되면, 바로 이 순간이 단 한번만 존재하는 순간이라는 것을 알게 된다. 모든 미래의 순간들은 다음에 나타날 순간들이다.

나는 이것이 훌륭한 순간이라는 것을 안다. 이 말은 내가 대수롭지 않게 생각하는 순간들이 사실은 엄청난 경이로움으로 가득 차 있다는 것을 느끼게 해 주는 말이다. 나는 바로 앞에 놓여진 것들을 새롭게 느끼고 감상하게 된다. 창문을 통해 들어오는 햇살, 아이들의 웃음소리, 부엌 싱크대에 있는 접시들까지도 새로운 느낌으로 다가온다. 대부분의 순간들은, 내 스스로가 그 순간들을 특별히 가깝게 느끼기만 하면 훌륭한 순간들이 되는 것이다. 만약 한순간이 훌륭하다고 말하는 것이 거창하게 느껴진다면 '이 순간은 단 한 번만 존재하는 순간이다' 라고 말할 수 있을 것이다. 이 말은 언제나 진리이다.

이런 호흡 명상법 연습을 활용하면, 내 안에 있는 모든 것과 모든 순간에 나를 지지하고 있는 것은 나의 호흡이라는 것을 발견하게 된다. 들이쉬고 내쉬고, 들이쉬고 내쉬고. 호흡은 엄마의 자궁에서 나오는 순간부터, 이생을 이별하는 순간까지 나와 함께 하는 것이다. 그동안 망각하고 있었지만 호흡은 언제나 나와 친구가 되기 위해 기다려 주고, 내 자신으로 돌아올 수 있도록 도와주고 있다.

호흡은 기도가 될 수도 있다. 신과 성스러운 존재 그리고 내 자신의 가장 깊은 자아와 나를 연결시키는 방법이다. 호흡과 정신이라는 단어는 같은 뿌리에서 나온 단어이며 대부분의 종교적인 전통에서는 호흡 명상법 또는 기도의 형식을 띄고 있다. 나의 호흡을 정신력에 연결시켜 보자. 성스러운 말이나 구절을 사용하면서 치유와 완전성의 통로를 열어 보자. 이것은 원하기만 하면 언제든지 가능한 것이다.

기도나 명상을 할 때 나는 호흡부터 시작한다. 즉 정신을 통일시키는 호흡을 시작하는 것이다. 나는 아이들에게도 이 연습을 시켰다. 아이들은 자기들이 좋아하는 호흡 명상법을 쓰고 있다. 아이들은 이런 명상법이 학교에서 받았던 스트레스를 덜어주고 긴장하고 불안한 순간에도 상당히 많은 도움을 준다고 한다. 우리 집에서는 가끔 잠자리에 들기 전에 호흡 명상법으로 기도를 시작한다. 교회 주일학교에서는 둥글게 원을 만든 다음 가운데에 촛불을 켜고 하느님의 사랑을 호흡하고 있다.

데비가 다시 전화로 호흡 명상법과 관계되는 두 번째 이야기를 해 주었다. "다섯 살짜리 딸의 목에 종양이 생겼어요. 나는 매일 얼마나 여러 번 호흡법 기도를 드렸는지 말씀드릴 수도 없어요. 그 아이와 같이 있는 그 순간에는 숨 쉬고 기도하는 일밖에 할 수 있는 일이 내게는 없었어요."

데비는 어린 딸에게, 병원에서 의사들이 진찰하면서 찌르고 두드리고 할 때 마음을 가라앉히려면 어떻게 호흡하고 어떻게 미소지어야 하는지를 가르쳤다고 말했다. "우리는 매일 밤 호흡 명상법으로 함께 기도드리곤 했는데 그 기도가 나의 어린 천사를 잠들게 해 주었지요. 그런데 아주 놀라운 일이 있었어요. 이 모든 과정이 굉장히 고통스러웠는데 우리 동네 사람들이 나와 우리 가족을 도울 준비를 하고 있었던 거예요. 그건 우리에게 굉장히 큰 선물이었어요. 우리는 모두 하느님의 사랑 안에서 서로, 심지어 모르는 사람들까지도 우리 가족과 연결되어 있다고 느꼈어요."

딸의 종양 제거 수술을 끝낸 의사가 데비에게 "부인이 딸에게 어떻게 말했는지는 모르겠습니다만, 무슨 말을 했던지 간에 딸은 훌륭했어요. 그 아이는 너무나 조용하고 평화로 웠어요. 모든 일이 아름답게 진행되었어요. 내가 기대했던 것보다 훨씬 훌륭했어요"라고 말했다고 한다.

몇 주 동안 딸의 마지막 조직검사 결과를 기다렸는데 종양은 양성이었다는 좋은 뉴스 였다. 데비와 딸은 가끔 호흡 명상법을 함께 했다. "불안하게 느껴지기 시작하면 나는 들락날락하면서 기도를 했어요. 그런 와중에도 이런 모든 순간들이 하나같이 놀라운 순간들이었다고 느꼈어요."

여러분도 매일 호흡 명상법을 연습할 수 있는지 생각해 보기 바란다. 의식적으로 호흡할 수 있도록 일깨워주는 카드를 만들 수도 있고, 몸과 마음, 호흡과 정신을 연결시켜 줄 수 있는 문장들을 찾아 기록해도 좋다. 매 순간 경이로움을 느끼는 당신 본래의 모습으로 돌아갈 수 있도록 이런 것들을 기도로 사용해도 좋을 것이다.

영성 세계 연습 호흡 명상법

지금부터 호흡 명상법을 연습해 보자.

호흡을 하면서 자신에게 말한다. 숨을 들이쉬면서 몸을 평안하게 한다.

··· 숨을 내쉬면서 이렇게 말한다. "숨을 내쉬면서, 나는 미소 짓는다."

··· 숨을 들이쉬고 내쉬면서 이 문장을 몇 번 반복한다.

··· 이렇게 하면서 무슨 일이 일어나는지 주의해 본다.

   어깨의 느낌은 어떤가? 위장은? 얼굴은?

   미소는 쉽게 지을 수 있는가?

··· 이제 자신에게 이 말을 하면서 호흡을 계속한다.

   "지금 이 순간에 머물면서, 나는 바로 이 순간이 훌륭하다는 것을 알고 있다."

   당신은 이 순간에 자기 자신으로 돌아와 있는가?

   평범한 순간에도 경이로움이 있다는 것을 알고 있는가?

··· 무엇이 일어나고 있는지, 설령 저항이 일어나고 있다 해도 그냥 인식만 한다.

··· 평가하지 않는다. 그냥 들이쉬고 내쉬는 호흡만 계속한다.

엄마의 눈 속에 내가 있네

신을 찾아내기 위해서는 무릎을 제공해라.

— 데이비드 스팽글러 『부모는 신비스럽고, 신비스러운 것은 부모다Parent as Mystic, Mystic as Parent』

"엄마, 나랑 해피 의자에 앉아서 꼭 껴안고 있으면 안 돼?" 아홉 살짜리 딸 줄리아나가 물었다. (해피는 줄리아나가 우리 집 흔들의자에 붙여준 이름이다. 나는 이 의자에서 줄리아나에게 우유를 먹였다. 줄리아나가 우유 먹고 싶을 때 책상을 탁탁 치는 대신에 의자를 가리키면서 "해피?"했던 바로 그날부터 우리는 이 의자를 '해피'라고 부르고 있다. 한 살 반짜리였지만 줄리아나는 그 의자에서 일어났던 모든 일이 그녀를 행복하게 했다는 것을 알고 있었던 것이다.)

　나는 시계를 보고 "얘야, 엄마가 좀 늦었거든? 지금 엄마는 '자녀와의 관계'에 대해서 강의하러 가야 되는데…"라고 말했다.

　줄리아나는 입을 삐쭉거렸다. 그 순간 내 말에 모순이 있음을 느꼈다. 나는 시계를 다시 보고 빨리 계산했다.

"오케이. 몇 분 여유가 있어. 우리 껴안자."

줄리아나의 얼굴이 환해졌다. 우리는 해피 의자에 앉았다. 줄리아나는 내 무릎에 앉아서 함께 흔들의자를 앞뒤로 흔들면서 서로의 얼굴을 쳐다보고 미소 짓고 만족해 했다. 잠시 후에 줄리아나의 얼굴에 기쁨의 표정이 스치고 지나갔다.

"엄마, 내가 엄마 눈 속에 있네." 줄리아나가 감동한 듯 말했다.

그녀는 정말로 내 눈에 비친 자기 자신을 보았던 것이다. 나는 흔들의자를 멈추고 줄리아나의 눈에 비친 내 모습을 보았다.

• • • •

우리는 의식하지 못하고 있지만, 온 종일 가족들과 눈 한번 맞추지 못하고 지내는 날들이 많다. 아이들에게 등을 돌린 채로 말하거나 이메일 체크를 하면서, 또는 차 안에서 아이들 얼굴을 보지도 않으면서 이야기한다. 많은 엄마들이 여러 가지 일들을 하고 있다고 자랑하고, 나 역시 마찬가지다. 그러나 아이들에게 우리 자신이 생각하고 있는 만큼 좋은 엄마냐고 물어보면 놀라운 대답을 듣게 될 것이다. 어느 날, 열세 살 된 아들 맷이 신문을 읽고 있는 나에게 말을 걸었다. 바로 조금 전에 나는 내가 많은 일들을 동시에 처리할 수 있는 전문가라고 그 아이에게 뽐냈다. 그러나 그때 그는 아무 대꾸도 안 하더니 지금 이 순간, 내가 자기 말에 귀 기울이지 않는다는 사실에 몹시 불쾌해 하고 있었다.

"나는 엄마가 두 가지 일을 동시에 할 수 있을 것이라고 생각했어요." 그가 큰 소리로 말했다. "그런데 엄마는 두 가지를 다 엉터리로 해요!"

몸은 그 자리에 아이들과 함께 있지만 마음이나 정신은 빠져 있는 그런 상태를 빈 껍데기로 존재한다고 하는데, 이것이 내가 실생활에서 저지르고 있는 오류이다. 그것은 걸어 다니는 유령이라고 말할 수 있을 것이다. 아이들은 엄마가 진심으로 그들과 같이 있어 주지 않는다는 것을 알고 있다. 아이들은 엄마가 진심으로 자기들을 바라보고 자기들 말을 듣고 있지 않는다는 것을 느끼는 것이다. 사랑이란 몸과 몸이 부딪치는 경험이다. 우리가 아이들과 진짜로 몸과 몸을 부딪치지 않으면, 우리가 사랑하는 아이들은 사랑의 충만함을 경험하지 못한다. 우리도 마찬가지다.

나는 언젠가 이런 말을 들었다. "하느님은 눈을 통해 오신다." 현재의 상황에 눈을 맞추면, 서로의 눈에 비치는 서로의 모습을 볼 수 있다. 서로의 눈을 맞추는데 그렇게 많은 시간이 필요하지는 않다. 그 순간에 엄마가 아이들과 충분히 함께 있어 주는 것, 그것만이 필요하다. 바로 그 순간에 우리는 우리 자신이 되는 것이다.

눈 맞추기 명상법

오늘 하루 여러분이 아이들과 눈을 맞추고 있었는지를 점검해 보라.

···▶ 오늘 한 번이나 두 번 아이들이 엄마와 이야기하고 싶어할 때 하던 일을 멈추고 아이들을 쳐다보
면서 그들과 눈을 맞춘다.
···▶ 빈 껍데기에서 벗어나 호흡을 크게 하고 몸과 마음을 다해 완전히 함께 있어 주도록 한다.
···▶ 보통 때보다 몇 초 동안 더 길게 아이들을 바라본다.
···▶ 당신 마음속에 무슨 일이 일어나고 있는지 알아본다.
···▶ 아이들의 반응을 알아본다.
···▶ 당신이 당신의 눈을 통해서 당신의 사랑을 전할 수 있는지 알아본다.

생물학적인 견지에서, 누군가의 눈을 쳐다보면서 정서적인 표현을 한다면, 두 사람이 다 같이 평안함을 경
험하고 신체적인 건강이 증진된다는 사실을 기억하라.

빈둥거리며 뒹구는 하마식 명상법

엄마는 아이들 돌보느라 너무나 바빠서 그냥 함께
있어 주기만 하는 것이 얼마나 중요한지를 망각하고 있다.

– 다니엘 시겔과 메리 하첼 『마음으로부터 부모 역할하기Parenting from the Inside Out』

가끔 정신적인 지도자를 전혀 뜻밖의 장소에서 만날 때가 누구에게나 있다. 나는 달라이 라마가 '놀라운 자연환경'이라고 명명한 TV 프로그램을 보면서 정신적인 지도자를 발견했다. (달라이 라마도 나처럼 잠자리에 들기 전에 동물에 관한 기록 영화 보는 걸 좋아한다는 사실을 발견하고 나는 행복했다.)

"인생의 목적이란 대체 뭐지?"라고 한탄하면서 우울하게 보낸 어느 날이었다. 그날 나는 '내 인생의 단 하나의 목적이 정말로 이렇게 더러운 양말들을 빠는 것이었단 말인가?'라고 우울해 하면서 베개를 끌어안고 하마에 관한 기록 영화를 보고 있었는데 그 영화를 보면서 최면에 빠져 드는 듯 했다. 이들 거대한 느림보 하마들은 정말로 아름다웠다!

엄마 하마는 목만 내놓고 강물 속에 있었다. 물통 같이 둥그런 몸체의 새끼 하마들은 엄마 주위의 물가에서 뒹굴고 있었다. 아기 하마는 엄마 하마 옆을 다섯 번, 열 번, 어쩌면 스무 번을 빙빙 돌았고, 엄마는 그냥 거기 서서 만족한 듯 크게 웃고 있었다. 때때로 엄마는 깊은 숨을 쉬고는 물 속으로 들어갔다가 나와서 새끼들에게 젖을 먹이느라 5~6분 누워 있었다. 그것이 하마들이 하루를 보내는 방식이었다. 뒹굴고, 젖 먹이고, 뒹굴고, 젖먹이고.

이 프로그램을 보면서, 나는 아무 일도 하지 않고 아기 하마들이 빈둥거리며 뒹구는 것을 보느라 아주 힘든 시간을 보냈음을 깨달았다. 나는 내가 소위 '생산적'이라고 이름 붙인 일을 하지 않고 있으면 불안해지고 지루해진다. 아기와 오랫동안 마룻바닥에 앉아서 시간을 보내는 일은 내가 잘 하지 않고 못하는 일이다. 내 몸은 아이와 함께 마룻바닥에 있을지 몰라도 내 머리는 내가 해야 할 일들을 쫓아가느라 바쁠 것이다. 나는 그 방안에, 그 공간에 존재하지도 않을 것이다.

'동물의 엄마'로서 자신을 들여다보면서 마음을 편안하게 가졌던 이날의 경험은 내 마음속과 아이의 마음속에서 무슨 일이 일어나고 있는지를 이해하게 해 주었다. 내 머릿속에서는 이런 시간낭비를 불안하게 생각할 것이다. 인간들은 새로운 것을 찾도록 구조화 되어 있기 때문이다. 그 사실을 알고 난 후 나는 이런 시간을 모성충만을 연습하는 시간으로 사용했다. 내가 쫓기는 생각에서 해방되는 바로 그 순간 나는 모성충만에 몰입하는 연습을 했다. 나는 호흡하고, 미소 짓고, 내 마음과 몸을 다시 하나로 연결시키는 연습을 했다.

그리고 이런 순간을 아이들과도 연결시켰다. 여러 번 반복하는 것, 이것이 연습이다.

엄마와 같이 마룻바닥에 있으면 아기의 뇌에서는 믿을 수 없을 만큼 많은 일들이 일어나난다. 백만여 개의 신경연접 連接들이(신경원들을 연결시키는 것) 매초마다 쌓이는데, 이런 연결들은 풍부한 환경과 충분한 자극이 있으면 더욱 강화되는 것이다. 내가 아이를 만져 주고 노래 불러 주고 놀아 줄 때, 나는 내 아이의 몸과 정신을 만들어 가고 있는 것이다.

바로 지금 아기가 엄마에게서 떨어지지 않으려 하면 빈둥거리며 뒹구는 하마식 명상을 하자. 뒹굴다가 앉아 있고 껴안아 주고, 뒹굴다가 앉아 있고 껴안아 주자.

아이들이 놀고 있는 것을 지켜보기

이것은 아이들이 놀고 있을 때 그냥 단순히 지켜봐주기만 하는 연습이다.

⋯ 아이들이 노는 것을 방해하지 않는다. 아이들이 그냥 놀게 내버려 둔다.

⋯ 쳐다본다. 듣는다.

⋯ 아이들이 누구이며, 어떻게 자라야 하는가를 생각하지 말고, 그냥 아이들이 어떤가를 지켜본다.

　아이들의 재능은 무엇인가?

　아이들은 무엇을 사랑하는가?

⋯ 아이들의 눈이 반짝일 때, 아이들이 웃을 때, 아이들의 얼굴을 쳐다본다.

⋯ 아이들이 얼굴을 찌푸릴 때를 지켜본다.

⋯ 아이들의 웃음소리 또는 아이들의 대화에 귀를 기울인다.

⋯ 아이들이 세상을 어떻게 볼까 상상해 본다.

⋯ 아이들을 유일한 정신을 가진 인격체라고 생각한다.

엄마가 기도하는 법

나는 젖을 뗀 아이처럼 내 영혼을 진정시키고 잠잠하게 했나이다.
젖을 뗀 아이가 엄마 무릎에 앉아 있는 것처럼, 내 영혼은 나와 함께 있나이다.

– 시편 131

첫 아이를 임신한 지 9개월이 되는 어느 날 아침 나는 흔들의자에 앉아서 "우리의 하느님"하고 기도했다. 내가 막 기도를 시작하는 순간 뱃속의 아이가 발길로 차는 것을 느꼈다. 바로 그 순간에 '우리'라는 단어가 새로운 의미로 내게 다가왔다. 그것은 '나'라는 개인에서 복합적인 '우리'라는 개념으로의 움직임이었다. 그 시간 이후로 나는 아기를 안고 있는 동안에는 기도를 했다.

다음에 인용한 시는 15세기의 인도 시인 카비르Kabir에 관한 아름다운 시를 번역한 것이다. 나는 아기를 안고 기도하는 동안 이 시를 곧잘 암송했다.

이 질흙 항아리에는 물이 흐르는 협곡峽谷과 소나무 산들이 들어 있고,

그 협곡과 산을 만드신 창조주도 들어 있다!

일곱 대양도, 수백만의 별들도 들어 있다.

황금을 시험하는 산酸도 들어 있고 보석을 감정하는 감정가도 들어 있다.

아무도 다치지 않은 현弦의 음악도 들어 있고 모든 물의 근원도 들어 있다.

당신이 만약 그 진실을 알고 싶다면 내가 그 진실을 말해 주리라.

친구여, 귀를 기울여라. 내가 사랑하는 신이 그 안에 계신다.

— 로버트 블리 『카비르The Kbir Book』

나는 '질흙 항아리'인 내 아이를 두 팔로 감싸 안으면서 경외감敬畏感에 싸인다. 나는 우주의 엄마인 것이다. 나는 내 아이의 눈을, 영원으로 통하는 그 심연을 본다. 또한 나는 높은 곳으로부터의 초대 목소리를 듣는다. '나에게로 오라. 네가 누구인가를 기억하라. 네 아이들이 누구인가를 기억하라.'

우리는 모두 신의 은총으로 채워진 질흙 항아리다. 우리는 흘러넘치는 별들과 물의 근원인 존재이다. 살아있는 물, 고여 있는 물, 흘러넘치는 물, 소금이 있는 물, 눈물이 있는 물. 창조물과 창조주는 우리가 가지고 있는 물건 속에 있다.

우리는 이런 진실을 TV나 라디오에서는 듣지 못한다. 신문에서도 읽지 못한다. 우리 현대 사회의 번잡스러움과 기술 문명 속에서 창조물들은 시멘트로 봉쇄되고 벽으로 둘러 싸

여 우리들에게 쉽게 연결되지 않는다. 우리는 야생의 아름다움 자체인 우리를 잊고 산다. 아이들 속에서 그 원래의 아름다움을 희미하게 보는 것이 오히려 쉬울 것이다. 아이들은 우리가 우주를 쥐고 있다는 사실을 기억하게 해 줄 수 있다.

만약 우리가 이 사실, 즉 우주를 쥐고 있다는 사실을 기억한다면, 그리고 우리 아이들이 이것을 기억한다면, 우리는 기억의 공간을 만들고 우리가 안고 있는 아이에게 신성함이 느껴진다는 것을 깊이 생각할 수 있어야 한다.

■ 충분히 함께 있어 주는 연습

이 연습에 참여하도록 배우자, 친구, 가족 중의 한 사람을 초대한다.

··· 상대방의 등에 당신의 손을 댄다.

··· 지금 당장 상대방에게 충분히 함께 있어 줄 것이라고 결심한다.

··· 말하지 않는다. 상대방의 등에 손을 댄 채 그냥 가만히 있는다.

··· 이렇게 2분 동안 있는다.

··· 상대방에게서 충분히 함께 있어 주겠다는 생각을 거두어들인다. 상대방의 등에 대고 있던 손은 그냥 놓아둔다. 그러나 마음은 딴 데로 돌린다. 오늘 저녁은 뭘 해 먹지? 설거지는 다 했나? 등등.

··· 의도적으로 당신의 몸과 마음을 분리시킨다.

··· 이런 행동을 약 1분간 계속한다.

··· 마지막으로 상대방에게로 돌아간다. 그에게 충분히 자신을 드러낸다.

··· 상대방의 등에 대고 있는 당신의 손을 느껴본다.

··· 1분 후에 행동을 멈추고 무엇을 경험했는지 서로 이야기한다.

··· 시간이 있으면 위치를 바꾸어 상대방으로 하여금 의도적으로 충분히 함께 있는 것과 의도적으로 빈 껍데기인 상태로 있는 것과의 차이를 경험하게 한다.

··· 당신의 무릎에 아이를 앉히고 그 아이와 충분히 함께 있으면서 당신의 팔에 우주를 안고 있다는 느낌을 갖도록 연습한다.

외로움의 모자

그것은 오늘 배우기에는 어려운 과제이다.
친구와 가족을 떠나서 한 시간이나 일주일 동안
고독의 예술을 절실하게 실습하는 것은 어려운 과제이다.

– 앤느 모로우 린드버그 『바다로 부터의 선물 Gift from the Sea』

엄마로서 우리는 시끄러운 소리와 식구들의 요구에 시달리면서 마치 폭격을 받아 목뼈가 부러질 것 같은 빠른 속도로 살면서 끝없이 다양한 일을 해내고 있다. 치열 교정 스케줄 잡기, 저녁 반찬 준비, 기네아 피그를 학교에서 데려 올 날짜 기억하기, 아이들의 싸움 말리기, 자동차 타이어 바꾸기, 코 닦아 주기, 손톱 깎아 주고 밑 닦아 주기. 이런 일들로 엄마는 자신을 돌아볼 여유가 없고, 단지 숨을 쉬고 있다는 사실만을 기억할 뿐이다.

엄마의 마음은 평화롭고 조용한 몇 순간의 작전 타임을 갈망하고 있다. 그래서 나는 내 딸 줄리아나가 세 살 때 했던 일을 생각하곤 한다. 그것은 외로움의 모자에 대한 이야기다. (줄리아나는 만화에서 아이디어를 얻었다.) 내 동생은 줄리아나의 이 아이디어가 노벨상을 탈 만큼 가치 있는 것이라며 너무나 좋아하고 있다!

이 이야기의 내용은 이렇다. 어느 날 줄리아나는 식탁 위에서 뛰어 내렸다. 아빠가 그러지 말라고 주의를 주었더니 무안해진 줄리아나는 자기 방으로 달려가서 문을 닫아 버렸다. 몇 분 후에 줄리아나는 잔뜩 화가 난 채로 검은 점을 여기저기 그려 넣은 커다란 종이를 들고 나왔다. 줄리아나는 아빠를 향해 얼굴을 찌푸리면서 그 종이와 스테이플러를 들고 내게로 왔다.

"엄마, 이 종이로 삼각형 모자를 만들어 주세요." 줄리아나가 부탁했다. 내가 스테이플러로 모자를 만들어 주자 줄리아나는 그것을 들고 방에서 나갔다. 줄리아나는 바보처럼 보이는 커다란 삼각형 모자를 머리에 쓰고 다시 나타났다. 모자가 그녀의 눈과 귀와 입을 가리고 있었다.

"어흥!" 우리가 들으라고 줄리아나가 으르렁거렸다. "이것은 내 외로움의 모자다. 내가 이걸 쓰면 나는 들을 수도 없고 볼 수도 없다. 어흥!"

"네가 속상하다고 말하고 싶은 거지?" 우리가 물었다. (우리는 심리치료자도 그 무엇도 아니다!)

"내 귀에는 아무것도 안 들린다. 어흥!" 줄리아나가 다시 소리 지르면서 으르렁거렸다. 모자를 한 쪽으로 돌리고, 천천히 지그재그로 부엌을 왔다갔다 하면서 의자에 부딪치고 벽에 부딪쳤다.

줄리아나는 차츰 화가 풀렸는지 모자를 테이블 위에 놓았다.

몇 시간 후에 내 동생 낸시가 왔다가 그 모자를 보고 "이게 뭐야?" 하고 물어서 "아, 그건 외로움의 모자란다"라고 내가 말했다. 낸시는 그 모자를 썼다. 커다란 삼각형 모자는 낸시의 귀와 눈을 가렸다. 그 속에서 낸시는 그녀 자신만의 작은 세상을 발견했다. "이거 굉장한데! 나는 언니가 이 아이디어를 미국 엄마들에게 소개해야 한다고 생각해. 이건 남편이나 아이들에게 엄마에게도 가끔 아주 작은 평화와 고요가 필요하다는 것을 알리는 신호가 될 수 있을 거야!" 낸시는 모자 속에서 소리쳤다.

한참 후에야 낸시는 그 모자를 벗었다.

• • • •

만약 우리 엄마들이 (비유적으로) 외로움의 모자를 매일 몇 분씩 쓰고 자기 자신으로 되돌아 올 수 있는 조용한 영역을 만들 수만 있다면 어떨까? 그러면 우리는 그렇게 녹초가 되지 않을 것이며, 고갈되지도 않을 것이며, 무슨 일을 왜 이렇게 하고 있는지에 대해서도 혼란스러워 하지 않을 것이다. 우리가 자신을 돌보는 것은—몸과 마음 그리고 정신을—우리가 가족과 우리들에게 주는 선물이다.

파커 팔머Parker Palmer는 그의 책『당신의 삶이 말하게 하라Let Your Life Speak』에서 이렇게 썼다.

우리가 자기를 돌보는 것은 절대로 이기적인 것이 아니다. 그것은 다만 내가 가지고 있는 단 하나의 훌륭한 선물, 내가 다른 사람을 위해 입고 있는 내 몸을 관리하는 일일 뿐이다. 우리는 언제나 진정한 자신의 소리를 들을 수 있고 배려가 필요할 때 배려할 수 있다. 우리는 자신을 위해서만 돌보는 것이 아니라 우리가 관계하는 많은 사람들의 생명을 위해서 우리를 돌보는 것이다.

중요한 것은 우리 안에 있는 정신적인 요소를 강하게 하기 위해 시간과 노력을 아끼지 않을 때, 우리는 더 좋은 부모와 배우자와 친구가 될 수 있다는 사실이다. 이렇게 할 시간이 없다고 핑계를 댈지도 모른다. 그러나 우리는 아이들을 수영 레슨에 데려다 줄 시간과 우리가 미용실에 갈 시간은 마련하고 있다.

오늘 잠깐 시간을 내서 외로움의 모자를 써 보자. 조용한 은총恩寵의 공간을 마련하면 평화가 우리의 정신을 살찌게 할 것이다.

외로움의 모자 연습

오늘 단 5분이라도 좋으니 혼자만의 시간을 마련한다.

···▸ 외로움의 모자에 해당하는 어떤 것을 쓴다.
···▸ 촛불을 켠다. 산보를 한다. 밖에 앉아 있는다.
···▸ 욕실에 들어가 문을 잠근다.
···▸ 조용한 공간을 만든다.
···▸ 이런 시간을 마련한 자신에게 축하를 보낸다. 이것은 사랑의 행동이다.
···▸ 당신의 삶이 마치 바다와 같다고 상상한다.
···▸ 표면에는 많은 출렁임이 있을 수 있다.
    삶의 잡다함과 요구, 좋았다가 나빴다가 하는 것들은 주위에서 수용돌이 치는 거친 물결과도
    같다.
···▸ 이제 바다 깊은 곳, 수면에서 30 내지 40피트 깊이에는 언제나 정적이 있다는 것을 상상한다.
···▸ 호흡을 하면서 고요하고 조용한 곳으로 깊이 들어간다.

    당신이 홀로 있는 순간에 이런 연습을 계속하면 무법세계인 듯 복잡한 대낮 시간에도 이런 연습을 쉽
    게 할 수 있을 것이다. 당신은 어느 곳에서나 자신을 아주 고요한 곳으로 데려갈 수 있다는 사실을 발
    견할 것이다.

현관 앞 그네

시간은 가장 고요하게 정지한다.
이상하게 느껴지는 순간에 마치 보통의 삶처럼.

– 브라이언 안드레아스 『신뢰하는 영혼Trusting Soul』

"엄마, 난 여기가 좋아."

현관 앞에 있는 낡은 그네를 타고 앞뒤로 흔들면서 내 옆자리에 앉아있는 막내딸이 말했다. 노란색 페인트칠을 새로 한 집, 녹색과 흰색으로 테를 두른 이 집은 이렇게 아름다운 봄날의 무대 장치 배경으로는 완벽하다. 우리 발이 놓여있는 나무 바닥은 부드러운 움직임에도 삐걱거린다.

우리 생활에는 충분한 공간이 있고 오늘의 리듬이 있다. 우리에게는 정말로 중요한 것을 할 수 있는 충분한 시간이 있다.

나와 내 막내딸이 현관 앞 그네에 이렇게 앉아 있는 시간은 이 박물관에 진열해 놓은 오늘날의 빠른 생활 속도와 어떤 부분에서 합치하는지 나는 궁금하다.

• • • •

오늘은 학교와 직장이 쉬는 날이다. 집에 앉아서 내가 해야 할 일들을 체크하느니 차라리 막내딸 줄리아나와 함께 좀 근사한 시간을 보내기로 결정하고 딸과 함께 어린이 탐험 박물관으로 향했다. 이 세계의 여러 면을 탐험하느라고 아이들이 법석대는 곳이다. 전기가 하는 일을 보여주는 곳도 있고, 커다란 거품을 불 수 있는 곳도 있고, 수많은 씨를 뿌려 볼 수 있는 곳도 있다. 진짜 앰뷸런스와 소방차에 아이들이 올라타고 신호등을 직접 작동해 볼 수 있는 곳도 있다.

줄리아나는 이런 모든 것을 즐겼는데 그녀가 제일 좋아하는 것은 '과거 속으로 들어가기'라는 제목이 붙은 이 현관 앞 그네였다. 박물관에는 우리가 지금 살고 있는 실리콘밸리의 생활 모습을 재생해 놓은 곳이 있다. 실리콘밸리는 몇십 년 전에는 '마음이 즐거워지는 곳'으로 8백만 그루의 과실수가 자라는 가장 비옥한 땅이었다. 지금은 많은 부분이 콘크리트로 뒤덮였고, 우리가 과수원으로 알고 있던 곳은 이 박물관 벽에 걸린 커다란 사진 속에만 남아있을 뿐이다.

과거의 생활필수품 복제 전시관에는 회전 맷돌이 있었다. 광의 벽에 걸려 있는 녹이 슨 기구들, 옛날 전화 스위치보드, 아이들은 전선을 연결하고 대화하는 흉내를 낼 수 있다.

한쪽 구석에는 초기 애니메이션 장치가 있었다. 수평으로 놓인 바퀴에는 작은 구멍이 있어서 바퀴를 돌리면서 그 작은 구멍으로 보면 말의 걸음을 볼 수 있게 되어 있다. 돌아가는 구멍이 말의 동작을 연속적인 것처럼 착각하게 한다.

줄리아나와 내가 현관에 앉아 있을 때 짜증이 난 어떤 엄마가 급히 지나가다가 바퀴 옆에 서서 어떻게 하는지도 모르면서 바퀴를 돌렸다. 그러더니 "이건 고장이 났어요. 여기 있는 게 전부 고장이 났어요"라고 격분해서 말했다. 그녀는 그 마술을 보기 위해서는 아이들의 눈높이에 맞춰 자기의 몸을 구부린 다음 작은 구멍으로 들여다 보아야 한다는 것을 모르고 있었다.

다른 날에는 나 또한 바로 그 엄마처럼 실수할 수도 있었을 것이다. 이 현관 앞 그네는 내 마음속에 어떤 변화를 일으켜서 나를 아주 평화로운 기분으로 만들어주었다. 지난 세기의 모든 변화들이 무슨 의미를 가지고 있는지는 알 수 없다. 우리가 그 옛날로 되돌아갈 수 없다는 것도 안다. 내가 절대로 다시 돌아가고 싶지 않은 부분도 있다. 예를 들면 손으로 짜야 했던 옛날 세탁기, 지금은 아이들의 장난감이 되어버린 빨래판을 사용하던 시절로는 돌아가고 싶지 않다.

그러면서도 나는 우리가 뭔가 중요한 것을 잃어버리고 있다는 생각에서 벗어날 수가 없다. 개발이라는 이름아래 땅은 콘크리트로 덮였다. 그러고는 왜 이렇게 무겁게 느껴지는가 의아해 하고 있다. 마음은 더 많이 닫혀 있어서 예전처럼 부드럽지 않다. 여기저기 빨리 돌아다니려면 프리웨이가 필요하지만 거기에 너무나 많은 시간을 낭비하고 있다. 개인 생활을 천천히 할 수 없는 이유가 다른 데 있는 것이 아니다. 현관 앞 그네와 같은 것이 없기 때문에, 우리는 세상을 활기와 생명력 넘치는 곳으로 바라보는 관점을 상실하고 있는지도 모른다.

내 딸은 우리가 앉아 있는 노란색 집이 그냥 꾸며놓은 전망의 일부라는 것에는 관심이 없는 듯 했다. 우리가 흔들고 있는 그네는 영화 세트와 같다는 데에도 괘념하지 않는 것 같다. 그녀에게는 이 현관이 진짜가 아니더라도 엄마와 함께 그네에서 흔드는 것은 진짜라는 것, 그것만이 중요한 것이었다.

한참 후에 우리는 집으로 돌아왔다. 집에 도착했을 때, 나는 우리 집의 조그마한 현관에 서서 여기에 그네를 맬 수 있을까 잠시 생각했다. 그러나 그때 나는 내가 더 단순한 과거 시대로 돌아가기를 원하는 것이 아니라는 것을 깨달았다. 나는 완전히 현재에 몰입하고 싶었다. 단지 속도를 늦추고 싶었을 뿐이다. 앉아서 아이와 포옹하고, 우유를 먹이고 돌봐주면서 지금 현재 주위에 있는 아름다움을 가꾸고 싶다. 나는 내가 사랑하는 아이들에게 완전히 몰입하면서 매 순간을 감사하고 싶다.

■ 평범한 순간의 명상법

마더 테레사는 이런 말을 했다.

오늘날 모든 사람들은 더 많이 발전하고 더 부자가 되기 위해 무섭게 서두를 뿐만 아니라 불안에 휩싸여 있다. 그래서 아이들은 부모와 많은 시간을 함께 보내지 못한다. 부모들도 서로를 위할 시간이 별로 없다. 그래서 집안에서부터 세계의 평화는 깨지고 있다.

···› 이번 주에 아이와 '평범한 시간'을 가진다.
···› 서로 편안하게 쉴 수 있는 일을 한다. 서두르지 않고 함께 시간을 보낸다.
···› 점심시간에 아이를 데리고 함께 소풍을 간다.
···› 담요로 텐트를 치고 그 안에서 함께 책을 읽는다.
···› 공원에 가서 그네를 탄다.
···› 현관에 앉아서 아이를 껴안는다.

이런 연습은 당신과 아이 모두에게 이롭다. 당신과 아이의 몸은 서서히 더 건강한 속도로 동조되고, 당신의 바쁜 마음은 편안해지며 자신과 아이에게 완벽하게 몰입할 수 있다.

주의집중

우리의 마음은 언제나 바쁘다. 주의 깊게 들어보면 마음속에서 계속되는 자신과의 대화를 들을 수 있다. 매일 삶에 대한 이야기를 만들어 내고 자신이나 다른 사람들에 대해 판단한다. 어떤 일이 발생하게 되면 인생이 훨씬 나아질 것이라고 자신에게 말하고, 미래의 순간에 대한 참을성도 없어지게 된다. 때때로 '진정한 삶'은 현재 살고 있는 삶이 아니라고 생각한다.

우리가 자신에게 말하는 방법은 부모 역할을 하는 데에도 영향을 끼친다. 아주 빈번히 우리는 아이들의 표현방식을 이해하지 못한다. 왜냐하면 우리는 우리의 생각과 느낌에 사로잡혀 있기 때문이다. 모성충만을 연습하게 되면, 이 모든 것을 다시 생각하게 되고 마음을 관찰하여 주의를 집중할 수 있는 능력을 개발하게 된다. 무슨 일이 일어나고 있는지에 대한 아이디어가 별로 없기 때문에 무슨 일이 일어나고 있는지를 많이 놓치게 된다. 자신에게 말하는 방식 때문에 또는 지금과는 다른 것들을 소유하고 싶은 욕망 때문에 자신이 스스로 괴로움을 만들어 내고 있다는 것을 알게 된다. 여기에서는 자신을 부드럽게 유머로 대하는 연습을 할 것이다.

우리와 우리 아이들 안에서 일어나고 있는 일들에 대해서 친절한 마음으로 주의 집중할 수 있기를 바란다.

B 플랜

우리는 계획된 여정旅程에 따라, 우리의 목적에 맞추어 맹렬하게 전진할 수 있다.
그렇지 않으면 애쓰지 않고 우리에게 닥치는 대로 흘러가게 내버려 둘 수도 있다.

– 피에로 페루치 『아이들이 우리에게 가르쳐주는 것What Our Children Teach Us』

오늘 나는 우리 딸 학교 근처에 있는 공원에 갔다. 작은 개울 옆에 서서 바위 위로 흘러가는 물소리를 들었다. 집으로 돌아가려 했을 때 내 마음속에서 작은 속삭임이 들리는 것 같았다. '아직 돌아가지 마, 볼 게 좀 더 있어. 자세히 봐' 하는 소리가 들렸다.

나는 개울에 다가가려고 나무뿌리를 건너갔다. 물을 좀 더 잘 보기 위해 몸을 구부렸으나 거기엔 아무것도 없었다. 내가 나를 놀리는 것 같았다. 그때 내 왼쪽 눈 옆으로 작은 움직임이 보였다. 작은 물줄기가 아래로 흐르고 있었다.

그것은 오리 가족들의 움직임이었다. 커피 브라운 색의 엄마 오리, 에메랄드 색 머리의 아빠 오리, 그리고 갓 태어난 일곱 마리의 새끼 오리들. 엄마는 반대편 둑으로 나왔다. 그러자 새끼들이 허둥지둥 떼 지어서 엄마를 따랐다. 아빠는 물에서 지켜보고 있었다. 그는 파수꾼이었다. 아빠의 눈이 계속 나를 쳐다보고 있었다.

엄마 오리는 궁둥이를 흔들면서 좀 더 넓은 개울로 갔다. 새끼 오리들이 더 이상 눈에 띄지 않았다. 그런데 조금 있다가 새끼들이 엄마의 시야에서 멀리 떨어지지 않으려고 한 마리씩 나무뿌리 위로 뛰어 올랐다. 나는 새끼들을 세었다. 넷, 다섯, 여섯. 한 마리가 없었다. 나는 숨을 죽였다. 엄마는 없어진 한 마리를 기다리는 듯 잠시 멈추었다. 한참을 기다리고 나서야 일곱 번째 새끼가 뛰어 올라와 다른 형제들과 합류했다.

엄마 오리는 다시 뒤뚱거리며 개울을 향했다. 물이 바위를 덮으면서 하얀 폭포를 이루는 곳을 향해 새끼들을 데리고 개울 위쪽으로 헤엄쳐가기로 결정한 듯했다.

일곱 마리의 새끼들이 엄마를 따르려고 했다. 열심히 날개를 퍼덕거리면서 애를 썼으나 앞으로 나아가지 못했다. 물은 새끼들을 오히려 뒤로 흘러가게 했다. 새끼들은 삐삐거리기 시작했는데 즐거워서 지르는 탄성의 소리가 아니었다. '우리는 헤엄을 칠 수가 없어요' 라며 엄마에게 자기들이 최선을 다하고 있지만 역부족임을 알리려는 것 같았다. 엄마는 새끼들이 할 수 있는 것 이상을 요구했던 것이다.

나는 은총의 순간을 눈으로 보았다. 엄마는 헤엄치고 있던 발을 멈추고 자기 몸을 그냥 흘러가게 내버려두었다. 엄마는 아직 새끼들이 발로 헤엄치기 어렵다는 것을 깨달았다. 새끼들에게는 아직 이런 여정이 힘들다는 것을 안 엄마는 흘러가는 물에 몸을 맡겨 새끼들을 아래에 있는 잔잔한 물가로 흘러가게 내버려 둔 것이다.

새끼들은 더 이상 아우성치지 않았다. 그 놀라운 일곱 마리 새끼들은 엄마를 따랐다. 새끼들이 물가에서 흰 물줄기를 타고 놀면서 까불고 즐기는 것처럼 보였다. 나는 "다시 한 번! 다시 한 번 해 봐!"라고 소리지를 뻔했다. 오리 새끼들은 개울가를 타고 내려가더니 잠시 후에 잠에 곯아 떨어졌다.

．．．．

인생은 언제나 우리를 서두르게 만든다. 물을 거슬러 올라가야 할 때도 있고 물의 흐름에 그냥 따라갈 수 없을 때도 있지만 그냥 흘러가게 내버려 두는 것이 더 좋을 때도 많다.

내 문제는 일이 어떤 식으로 진행되어야 한다는 일정한 방향을 고집한다는 것이다. 나는 인생은 이런 방향으로 가야 한다는 어떤 관념에 사로잡혀 있다. 그래서 나는 A 플랜에 곁들여서 B 플랜을 만들어 놓고 거기에 따라 어느 정도의 기대를 세워 놓는다.

영성 훈련에서 중요한 것은 일을 그냥 흘러가게 내버려 두는 법을 배우는 것이다. A 플랜은 단지 내 머릿속에서만 존재한다는 것을 깨닫기 위해서이다. 내 스케줄이 바뀌어서 짜증이 나고 주위에서 무언가가 방해한다는 것을 알면 나는 나에게 이렇게 말한다. '자, 이제는 B 플랜을 따르는 거야.' 사실 이것이 매일의 만트라眞言가 되었다. B 플랜을 따르는 인생, 그렇게 하는 것이 나를 훨씬 편안하게 하고 그 순간에 나는 복종한다.

나는 어떤 때 아이들(나 자신도)을 굉장히 몰아붙일 때가 있다. 너무 지나치게, 너무 빨리 맹렬하게 물을 거슬러 올라가라고 아이들을 압박한다. 그러나 무엇 때문인가? 다음 목표에 도달하려고? '서둘러라. 서둘러라. 뭐 하고 있니. 어서 가자.' 이런 때 나는 물살에 따라 급하게 흘러가는 것을 전혀 즐기지 못한다. 마음을 편안히 가지기는커녕 마음과 싸우고 있는 것이다.

오늘 나는 엄마 오리에게서 교훈을 얻었다. 가르침을 받았으니 이제 집으로 돌아가자.

■■ B 플랜 연습

당신이 계획한 대로 일이 이루어지지 않으면 어떻게 하는가?

오늘 아침 베이비시터가 못 오겠다고 전화했는가?

아이가 아파서 학교를 결석하고 집에서 쉬는가?

당신은 지각하게 생겼는가?

여름휴가가 계획했던 대로 진행되지 않는가?

당신의 부모님이 다른 일로 병원에 가셔야 된다고 하는가?

이런 일들이 발생할 때, 당신은 그냥 흘러가게 내버려 두는가?

···▶ 심호흡을 한다.

···▶ 당신이 원하는 대로가 아닌 방향으로 일이 진행되는 것을 경험한다.

···▶ 다시 심호흡을 한다.

···▶ 당신 자신에게 말한다. '내게 이런 일이 생기지 않았으면 더 좋았을 텐데. 그러나 이런 일은 생
   겼어. 그리고 나는 이 일을 처리할 수 있어.'

···▶ 당신 자신에게 이렇게 말한다. '지금은 B 플랜이야(또는 C 플랜 또는 D 또는 Q!).'

···▶ A 플랜은 오로지 당신 머릿속에만 존재할 뿐이라는 것을 깨닫는다.

자동 조종사 自動操縱士

다행스럽게도 분석 그 자체가 내적인 갈등을 풀 수 있는 단 하나의 방법은 아니다.
인생 그 자체가 아직까지도 아주 유효한 치료자이다.

– 카렌 호나이 『우리의 내적 갈등Our Inner Conflicts』

만약 누군가가 우리 아이들에게 엄마의 묘비명墓碑銘에 무슨 말을 쓸 것이냐고 묻는다면 그 대답은 '조심해라'일 것이라고 나는 확신한다.

솔직하게 말해서 나는 이 사실을 어제야 알았다. 어제 스물한 살 된 아들 맷과 전화를 하고 있었다. 근사한 대화 끝에 "조심해라"라고 말했다. 그 말이 그냥 저절로 나왔다.

"엄마, 나는 지금 쇼핑하고 있어요. 조심하라니 무슨 말이에요?" 그가 농담을 했다. 그 때 맷은 새 엄마와 함께 크리스마스 쇼핑을 하고 있었다는 것을 나중에 알았다. 아이쿠!

갑자기 이 사실을 깨닫고 나자, 첫 아이가 태어났을 때부터 나는 이 말을 계속하고 있었다는 것을 깨달았다. "조심해라." 나는 우리 아기를 안는 모든 사람에게 이 말을 했다. 아기가 걸음마를 시작했을 때 아기에게도 이 말을 했다. 아장아장 걷는 아이로 자라서 미끄럼틀에 올라갈 때도 "조심해라"라고 말했다. 반복해서 여러 번, 네 아이를 기르면서 25년 동안 나는 이 경고를 연속적으로 쏟아냈다. 아이들이 학교에 걸어가든지, 축구를 하든지, 야구를 하든지, 길거리를 걷든지, 자전거를 타든지, 차를 운전하든지, 산에서 스노보드를 타든지 간에 생각할 수 있는 모든 것에 경고를 했다.

나는 내 인생을 살고 싶고 내 자식들이 자기네들 삶을 살기를 원한다고 아이들에게 말한다. 어떤 면에서 그 말은 광범위하게, 자유롭게, 충분히 살아가기를 원하기 때문에 하는 말이지만 사실은 조금 다르다. 이런 걱정과 초조함은 아이들을 위축되게 하고 지치게 하는 것이다. "조심해라"라는 말이 나쁜 말이라는 것은 아니다. 이것은 바로 엄마의 보호본능에서 나오는 말이다. 이 말은 편리하고 또 효과를 볼 때도 있었으나 대부분의 경우 나는 자동조종사처럼 이 말을 두려움의 습관에서 내뱉는다.

나는 어렸을 때 최악의 경우 시나리오식 사고방식을 배웠다. 만약 모든 일들이 잘못될 경우, 그것을 해결할 준비를 하기 위해서 최악의 경우를 미리 생각하곤 했던 것이다. 그 대가로 이런 근심 걱정은 나에게 위장 장애와 불면증을 주었다. 이렇게 걱정하는 마음을 나는 내 엄마에게서 물려받았고 엄마는 엄마의 엄마에게서 물려받았다고 한다. 우리 아들들에게서는 이런 성향을 발견하지 못했지만, 우리 딸은 내게서 물려받았는지 벌써 오빠들에게 잔소리를 하기 시작했다. "운전 조심해." 오빠들이 자기네 아파트로 가려고 차에 오르면 딸은 이렇게 소리를 지르는 것이다.

두려움이 우리 주위에 널려 있다는 사실을 부인할 수는 없다. 오늘날 우리는 걱정, 걱정,

걱정이 가득한 얼굴을 하고 살아간다. 뉴스를 보면 뉴스들이 우리를 미치게 만든다. 아이들에게 연어를 많이 먹게 하라. 잠깐, 그렇게 많이 먹이지 말아라. 연어에는 너무나 많은 화학물질이 있어! 임산부들이 커피를 마시는 것은 괜찮아. 아이쿠, 안 되지! 그래서 아주 사소한 결정을 하는 것도 어렵다. 아이들을 걸어서 등교하게 하는 것이 안전한가? 아이들이 앞마당에서 놀 수 있는가? 이런 두려움이 어떻게 우리의 영속적인 동반자가 되었는지를 이해하기는 어려운 일이 아니다.

이런 식으로 걱정하면서 살아가는 것은 아이들에게 또는 엄마들을 포함한 모든 생명에게 건강한 방법이 아니다. 우리는 자신에게 무엇을 말하는가? 우리가 두려움의 수준을 어떻게 높여가고 있는가에 마음을 쓰게 되면 다른 삶의 방식을 선택해 보게 될 것이다.

이런 습관을 변화시키는 것은 쉽지 않을 것이다. 나는 오늘 "조심해라"라는 말을 이미 한 번 했다. 그러나 나는 두 번이나 그 말을 하고 싶은 걸 참았다. 두 번이나.

우리가 사용하는 말에는 힘이 있다. 만약 내가 두려움에서 벗어나 건강하고 현명하게 생활하면서 편안한 마음을 갖게 되면 변화는 쉬울 것이다. 아이들이 나갈 때 "재미있게 놀아라"라고 말해 주는 것이 나에게 더 많은 에너지를 준다는 것과 아이들의 얼굴을 웃음짓게 만든다는 사실을 발견했다. 내가 죽으면 나의 묘비명을 '재미있게 놀아라'로 하게 하는 것이 더 좋을 것 같다!

■ 우리들이 하는 말에 마음 쓰기

작가 브렌다 우에랜드는 『글을 쓰고 싶다면』이라는 책에서 부모들이 아이들과 대화하는 데 얼마나 신경 쓰는지를 익살스럽게 표현했다.

가엾은 아이들에게 "얘야, 손 씻었니?"와 같은 자동적인 질문을 하지 말아야 한다. 이런 질문은 어리석고 자동적이며, 불평하는 것이고, 의무에 대한 질문이다(대부분의 부모들이 자녀와 나누는 유일한 대화). 무서운 피로에 지치고 권태로움과 지루함이 배어 있는 얼굴들, 그렇지 않다면 상당히 행복해야 할 얼굴들을 주의해서 보라.

판단하지 말고, 당신이 아이들과 남편에게 어떤 식으로 말하는지 주의를 기울여 보자.

⋯▶ 당신이 자동 조종사인가에 주의한다.
⋯▶ 당신이 자주하는 말을 인식하도록 한다.

"누가 방을 이렇게 어질러 놓았지?"
"나는 네 하녀가 아니야!"
"책상에서 발 내려!"
"방 청소해."
"조심해라."
"TV 소리를 줄여라!"

"네가 네 아이를 가질 때까지 기다려 보아라."

"네 친구들이 뭘 얻었는지 상관없어. 내 대답은 노No야."

"문을 쾅하고 닫지 말아라!"

"집 안에서 공을 가지고 놀지 말아라!"

이런 말들은 불안에서 나온 말인가? 지루함에서? 보살핌에서? 당신이 어렸을 때부터 들으면서 자란 말들인가?

···› 판단하지 말고 그냥 당신 자신을 관찰한다.

　'와우, 내가 그 말을 또 했네!'

···› 이런 말을 하고 있는 당신을 발견했다면 실험을 한 번 해 본다. 조용히 아무 말도 하지 않고 있는 것이 쉬운 일인가 어려운 일인가를 알아본다.

···› 완벽하게 바보 같거나 기대 밖의 말을 하고 당신이 그런 말을 했을 때 식구들의 반응을 즐기는 실험을 할 수도 있다.

강江

모든 것은 연결되어 있다. 모든 것은 변한다. 주의를 기울여라.

– 제인 허시필드

내 동생 낸시가 어제 울면서 전화를 했다. "무슨 일이야?" 내가 물었다.

"아무 일도 아니야. 어젯밤에 그냥 어떤 경험을 했는데 그게 나를 울게 만들었어. 정말로 슬픈 건 아니야. 그냥 인생에 대해서 뭔가를 깨달았어. 나는 지금 고등학교 학생들에게 싯달타Siddhartha를 가르치고 있거든. 그런데 그게 나에게 영향을 주었어."

낸시는 자기 일에 열정적인 고등학교 영어교사다. 그녀는 열네 살의 크리스틴과 열 살의 아멜리아 두 딸의 엄마이기도 하다. "내가 그 책의 한 부분을 읽어 볼게, 언니. 시간이라는 것이 실제로는 존재하지 않는다는 것에 대한 내용이야." 낸시가 말했다.

그러나 오늘 그는 강물의 비밀 중 단 하나를 보았다. 그 비밀이 그의 영혼을 사로잡았다. 그는 물이 계속해서 흐르고 흐르는 것을 보았다. 그런데 물은 항상 거기에 있었다. 그것은 항상 똑같았고 그러면서도 매 순간 새로웠다. 누가 이를 이해할 수 있겠는가? 그는 그것을 이해하지 못했다. 그는 다만 어두운 의구심, 희미한 기억, 신성한 목소리만을 인식하고 있었다.

― 헤르만 헤세 『싯달타』

"어제 저녁 나는 중학교 졸업반 학생 만찬의 샤프롱이었어. 7학년인 크리스틴과 같은 학년 아이들이 도와주고 있었는데, 이번에 졸업하는 학생들의 슬라이드를 보여주었어. 그 학생들이 유치원에 들어갈 때부터의 슬라이드였는데 갑자기 싯달타의 순간이 생각났어. 그 순간이 마치 내가 강물을 바라보고 있는 것 같았어." 낸시는 계속해서 말했다.

"나는 현재 7학년인 크리스틴을 보았지. 그리고 졸업하는 8학년 아이들과 그 애들이 유치원생이었을 때의 모습을 동시에 보고 그것들이 서로 연결되어 있다는 것을 깨달았어. 내년에 크리스틴은 졸업생들이 앉아 있는 저 자리에 앉아서 자기의 어렸을 적 모습을 보겠지. 그러자 갑자기 아멜리아의 유치원생 때, 3학년 때, 8학년 때의 모습들이 동시에 보이는 거야. 그리고 모든 학생들의 가족사진이 마치 우리 가족사진인 것처럼 느껴졌어."

낸시는 심호흡을 했다. "나는 인생이란 끝없는 흐름이라는 사실을 깨달았어. 그리고 우리는 그 흐름의 일부이고, 그 흐름은 계속될 것이고, 잘 들여다보면 하나의 흐름인데 거기엔 항상 현재, 이 순간만 있는 거야."

그녀는 울다가 웃었다. "오늘 교실에서 내가 어젯밤에 경험했던 것을 이야기하면서 이 교재와 연결을 지었지. 그랬더니 한 학생이 나를 놀리는 거야. 그 순간 공연히 눈물이 나와서 나는 울기 시작했어. 다른 아이들은 아주 착하게 나를 위로하려 애썼어. 나는 바보 같다고 느꼈지. 그래도 아이들의 관심은 얻었어!"

나는 낸시를 이해한다고 하면서 나 역시 우리 아이들이 자라는 동안 그런 순간들을 많이 경험했다고 했다. 금년에 우리 딸 학교의 할로윈 퍼레이드를 보면서 나는 울었다. 슬퍼서 운 것이 아니라 그 순간이 너무나 소중해서 울었던 것이다. 지난 6년 동안 해마다 나는 줄리아나에게 할로윈 복장을 입혔다. 매년 줄리아나는 그녀의 학년에게 지정된 자리에 앉아 있었다. 그녀가 유치원생이었을 때 나는 운동장 건너편 5학년이 앉는 자리에서 그녀를 바라보았다. 그러면서 우리 막내딸이 내가 앉아있는 이 자리에 앉게 될 만큼 클 것이라는 것을 상상할 수가 없었다.

그러나 매년 줄리아나와 동급생들은 진급했다. 금년에 줄리아나는 5학년 자리, 한때는 아득히 멀게 느껴지던 자리에 앉았다. 지금은 줄리아나가 5학년 자리에서 운동장 넘어 유치원생 자리를 바라 볼 차례이다. 나는 줄리아나가 그렇게 조그마했던 때를 기억하기가 어려웠다. 퍼레이드가 진행되는 동안, 학생들은 모두 기뻐하면서 우리들 앞을 지났다. 그것은 마치 끝없는 인생의 흐름처럼 느껴졌다.

내 아이들의 인생을 깊이 바라보면서, 나는 모든 것이 어떻게 변하는가 그리고 어떻게 서로 연결되었는가를 이해했다. 강江은 흐른다. 강물은 언제나 거기에 있다. 강물은 언제나 똑같다. 그러면서도 모든 순간은 새롭다.

강江 같은 인생 명상법

「크리스천 사이언스 모니터」 엘리자베스 런드와의 인터뷰에서 시인 제인 허시필드는 일곱 개의 단어로 인생의 모습을 묘사했다.

모든 것은 연결되어 있다. 모든 것은 변한다. 주의를 기울여라Everything is connected; everything changes; pay attention.

"그리고 여러분에게는 마지막 두 단어pay attention만 필요하다. 만약 여러분이 주의를 기울인다면 여러분은 알고자 하는 모든 것을 찾아낼 수 있다"라고 그녀는 덧붙였다.

⋯▸ 어떻게 모든 것이 연결되었으며 모든 것이 어떻게 변하는지를 본다.

⋯▸ 당신이 작은 소녀였던 때를 기억한다.

⋯▸ 그때 당신은 무엇을 사랑했는가? 어른이 되면 어떻게 되기를 원했는가?
   무엇이 당신 속에 계속해서 남아있는가? 무엇이 변했는가?

⋯▸ 당신 아이들 하나하나를 생각한다.

⋯▸ 그들이 태어났을 때와 아장아장 걸을 때의 모습을 기억한다.

⋯▸ 당신 아이들의 삶의 강江을 들여다본다.

⋯▸ 그들을 바라보면서 당신 부모님들이 아장아장 걷던 때의 모습을 상상한다.

⋯▸ 미래로 옮겨가면서 당신의 증손자들이 걷기 시작할 때를 상상한다.

   기도를 하거나 명상을 하면서, 당신은 이 말들을 이용하게 될지도 모른다.
   모든 것은 연결되어 있다. 모든 것은 변한다. 주의를 기울여라.
   영원은 지금 바로 이 순간에 존재한다는 것을 이해하는 것이 가능한 일인가?

입으로 하는 요가

웃는 것은 중요한 일이다.
만약 우리가 웃을 수 없게 된다면, 세상에 평화는 없게 될 것이다.

– 틱낫한 『평화로움Being Peace』

불교 승려 틱낫한은 웃는 일을 '입으로 하는 요가'라고 하면서, 웃음이 우리의 인생뿐만 아니라 인류 문명을 변화시킬 수 있다고 믿었다.

우리 아기가 아주 갓난 아기였을 때 우리는 아기 얼굴에서 첫 번째 웃음을 보기 위해 우스꽝스러운 짓을 하곤 했다. 아기의 첫 웃음을 보게 되면 우리도 웃으면서 신이 나서 베이비 북에 기록했다(글쎄, 첫 번째 아기인 경우 또는 아기가 베이비 북을 가지고 있는 경우이기는 하겠지만). 그런 일이 일어난 처음 몇 주 또는 몇 달 동안 우리는 웃음이 작은 기적이라는 것을 깨닫게 된다.

아이들의 웃음이 얼마 동안 우리를 사로잡는다. 그러나 점차 우리는 그 웃음이 경이롭다는 사실을 잊어버린다. 우리는 자신의 기적인 웃음에 대해서 생각하는 것을 잊었는가? 웃음은 우리의 삶이 혼란스러울 때 제일 먼저 사라지는 모습이다. 우리의 얼굴에는 굳은 주름이 생기게 되고, 우리의 모습이 얼마나 엄격하게 보이는지 깨닫지 못한다. 알지 못하는 사이에 우리는 웃음을 잃어버리고 우리 집안의 행복 수준은 변하게 된다. 아이들은 우리의 이런 모습을 보면서 한 번도 재미있게 살아보지 못한 것처럼 보이는 저런 어른이 되고 싶은가 의아하게 될 것이다.

잘 웃으려면 웃을 일을 만들고 웃는 연습을 해야 한다. 입으로 하는 요가는 얼굴을 기분 좋게 할 뿐만 아니라 몸도 기분 좋게 만들어 준다. 웃으면 엔돌핀이 나오고 얼굴과 몸에 있는 수백 개의 근육이 긴장을 풀게 된다. 기분은 좋아지고, 다른 사람을 더 친절하고 여유 있게 대할 수 있게 된다.

이런 연습을 하기까지 여러분은 웃음의 힘이 얼마나 강력한지 인식하지 못할 것이다. 설거지를 하면서, 붉은 신호등에 서서 기다리면서, 아침에 일어나자마자 처음 하는 일로 웃어보자.

무슨 일을 하고 있든지 간에 심호흡을 하고 웃어보자.

입으로 요가를 하는 것이 설거지를 빨리 끝내게 하거나 빨랫감을 줄여주지는 못한다. 웃음이 해 줄 수 있는 일은 번잡한 일상의 밑바닥에는 은총이 있고 우리를 받아들일 수 있는 공간이 있다는 사실을 알게 해 주는 것이다. 그것은 바로 이 순간 우리가 평안하다는 것을 일깨워준다. 비눗물에 손을 담그고 양말을 개키면서, 또는 자동차 뒷자리에서 아이들이 떠들고 있어도 그것을 감사히 생각하는 우리들 자신을 발견하고 놀라게 될 것이다. 어쩌면 바로 그런 순간에 우리는 평화를 발견하게 될 것이다.

웃는 일은 가족들이 할 수 있는 최고로 훌륭한 연습이다. 피곤한 하루의 끝, 즉 아이를 데려오고, 저녁상을 차리고, 의자에 털석 주저앉을 때 웃어보자. 음식을 삼키기 전에, 아이들이 흘린 음식을 치우기 전에 가족들을 둘러보자. 심호흡을 하고 웃어보자.

웃는 일은 식사하는 방법을 변화시킬 수 있다. 완전히 가족들과 함께 그 자리에 있다는 것과 가족들을 짐처럼 여기는 것에는 상당한 차이가 있다. 함께 식사를 하는 것은 여러 가지 면에서 영양분이 된다.

어쩌면 웃는다는 것에 저항을 느낄 수도 있을 것이다. 만약 당신이 웃는 연습을 새로 시작했다면 다음의 연습을 해보자. 약간 미소 짓는 연습부터 시작한다. 한 5mm 정도 입술 끝을 위로 올려 본다. 하루에 한 번이라도 이런 연습을 하게 되면 당신의 몸과 마음은 다시 하나가 될 것이고, 그렇게 되면 기분은 상당히 좋아질 것이다.

틱낫한이 말한 것처럼 "의식을 가지고 호흡하는 일과 웃는 일은 굉장히 중요한 것이다. 그것은 인류 문명을 변화시킬 수 있을 것이다"(평화는 모든 단계).

그러니 오늘, 문명을 변화시켜 보자. 적어도 이 순간 당신이 현재에 완벽하게 존재한다는 생각을 가져 보자. 그것들이 모두 하나일지 누가 알겠는가!

입으로 하는 요가 연습

바로 지금 입으로 하는 요가를 연습한다.

···▶ 이 글을 읽으면서 웃어보자.

　　조금 웃는가?

　　더 크게 웃을 수 있는가?

···▶ 얼굴이 어떻게 느껴지는가에 관심을 갖는다.

　　어떤 저항이 느껴지는가?

　　어떤 변화가 느껴지는가? 마음에? 몸에?

···▶ 웃으면서 호흡을 한다.

···▶ 나중에 오늘의 웃음을 기억하는지 생각한다.

···▶ 자신을 놀라게 한다! 전혀 기대하지 않았던 일이 생겼을 때 놀랍게도 웃을 수 있는 당신을 발견
한다.

이상과 현실

진정한 명상 연습은 인생에서 일어날 수 있는 광범위한 일들을 망라한다.
부모 역할은 영성 훈련에서 환상적인 영역이다. 그것은 다른 훈련과 마찬가지로
우리를 깨달음의 경지로 인도하는 훌륭한 문이다.

– 존 카바트–진, 1998년 「Yes! Megazine」과의 인터뷰

나는 지금 시립 도서관 2층에 앉아서 센트럴 파크를 바라보고 있다. 우리 시티 파크는 뉴욕의 센트럴 파크만큼 넓지는 않지만 우리 것이다. 콘크리트 세상에 있는 자그마한 푸른 오아시스다. 잔디와 수양버들과 레드 우드는 우리의 영혼에 맑은 숨을 내보내 주고 있다. 공원의 중앙에는 사람이 만든 호수가 있다. 많은 조류藻類들 때문에 여름에는 냄새가 나지만 호수의 물은 오리와 바다 갈매기, 카나디안 기러기들을 여전히 유혹하고 있다. 그리고 아장아장 걷는 아이들이 그 새들을 쫓아가고 있다.

오늘 나는 집이 너무 시끄럽고 지저분해서 도서관으로 왔다. 나는 어떤 질서와 고요를 찾고 싶었다. 여기서라면 방해받지 않고 생각에 집중할 수 있을 것이며 식구들의 요구에

서 해방될 수도 있을 것이다. 아이들이 떠들지 않는 이 조용한 곳에서 정신을 집중해 자녀를 기르는 엄마에 대한 책을 쓸 수도 있을 것이다.

도서관 아래 잔디밭에는 청동조각상靑銅雕刻像이 있다. 일곱 명의 아이들이 손에 손을 잡고 원을 그리면서 춤추고 있는 모습을 묘사한 실물 크기의 동상이다. 세 명의 남자아이와 네 명의 여자아이들이 웃으면서 모두 완벽한 친구들인 것처럼 행동한다. 이 아이들은 이런 행동을 50년 내지 60년 동안 계속하고 있다.

햇살이 그들의 구릿빛 머리카락을 비추고 있다. 새가 소녀의 팔에 앉는다. 다람쥐가 소년의 발밑에서 먹이를 찾고 있다.

아주 예의 바른 아이들이다. 이 상쾌하고 조용한 도서관에서 나는 눈을 감고 이런저런 생각을 한다. 이 아이들의 동상 제목이 '평화의 동그라미'라는 걸 생각한다. 얼마나 사랑스러운 개념인지 모르겠다.

조각가는 실제로 일곱 명의 아이들을 모델로 이 조각을 했을 것이다. 아마 그랬을 것이라고 믿으면서 나는 그 장면을 그려 본다. 예의 바른 아이들, 징징거리지도 않고 싸우지도 않고 어느 곳에나 데리고 다닐 수 있는 예의 바른 아이들.

아이쿠! 내가 머릿속으로 이런 광경을 상상하고 있을 때, 아이들은 몸이 근질거리기 시작한다. 한 놈이 다른 놈을 끌어당긴다. 아이들이 모두 웃으며 레슬링을 한다. 모두 흐트러졌다. '가만 있어, 애들아! 평화의 동그라미로 돌아가!' 그러나 너무 늦었다. 아이들은 모두 이리저리 뛰어다니면서 서로를 쫓고 있다. 조각가는 아이들을 컨트롤하려 하고 부모들은 소리 지르고 싶은 것을 참고 있다.

　나는 눈을 떴다. 동상이 아직 그 자리에 있는 것을 보고 안도의 한숨을 쉰다. 아이들은 여전히 손을 잡고 있고 발밑에서 잔디는 자라고 있다. 모든 것이 그대로다. 그러나 가만! 진짜 살과 피와 장난기가 있는 한 소년이 동상 아이들 옆을 걸어가고 있다. 그 아이는 동상을 쳐다본다. 주위에 아무도 없는 것을 확인하고는 동상에 있는 한 소년의 배를 발길로 찼다.

　오, 그래, 평화의 동그라미.

　나는 자연적인 질서가 다시 돌아온 것을 보고 웃었다. 아이들은 얌전한 태도로 완벽하게 놀지 않는다. 만약 그렇다면 놀이에 무슨 재미가 있겠는가?

　완벽한 조각 속의 아이들, 비가 오는 날에나 더운 날에도 미소 띤 얼굴을 하고 있는 이 아이들은 아마 어떤 부모의 환상에나 존재할 수 있는 아이들일 것이다. 동상 속의 아이들은 태양이 사라지면 차가워진다. 그러나 살아 있는 아이들은 숨 쉬고 몸을 움츠린다. 부드러운 뺨과 따뜻한 몸을 가진 아이들, 마치 새로 구워 낸 빵처럼 우리는 그들을 들이마신다.

　나는 내 노트북의 전원을 껐다. 집에 갈 시간이다. 지금은 모든 살아있는 생명들에게 예스라고 말할 시간이다. 징징거림과 싸움질과 부드러운 키스, 지저분한 집, 피와 살이 있는 아이들. 그들은 그들의 상태 그대로 완벽하다. 이제는 내 인생의 진짜 일들에 대해서 크게 예스라고 말할 때다.

이상과 현실의 명상법

당신의 삶을 바라볼 때 당신은 다른 것을 갈망하고 있는가? 그 혼란스러움에 투덜대고 있는가?
만약 태도를 바꾸어 잠깐 동안만이라도 이 모든 지저분함과 무질서의 가정 안에서 살고 있음에 감
사함을 느낀다면 어떨까?
당신이 지금 머리로 생각하고 있는 이상적인 삶을 살고 있지 않다면 어떻게 해야 할지 생각해 본다.

⋯→ 이번에 크리스마스 트리를 구하러 나가는 것은 완벽할 거야!(그런데 아이들이 싸우기 시작하고 아빠가
   소리를 지르고 크리마스 트리는 차 지붕 위로 넘어진다.)

⋯→ 디즈니랜드는 아주 재미있을 거야!(물론 아이들은 징징거리고 얌전하게 있지 않고 미키마우스는 아기를 놀라
   게 한다.)

⋯→ 가정생활에서 진짜로 부딪치는 일을 연습하자.

잡동사니 청소하기

잡동사니 청소하기는 의미 있는 것을 없애는 것이 아니다.
당신 삶에 아무런 도움도 주지 않는 물건들을 청소하는 것이다.
그래서 지금 하고 있는 일에 시간과 질서와 공간을 만들라는 것이다.

– 일레인 세인트 제임스 『단순한 삶을 살기Living the Simple Life』

일 년 전에 나의 글쓰는 방이 잡동사니로 꽉 찬 적이 있었다. 내가 아무리 노력해도 말끔해지지가 않았다. 어느 날 밤 나는 거실 한쪽 구석을 정리하지 않는 한 글을 쓸 수 없을 것이라는 꿈을 꾸었다.

이 한쪽 구석은 내가 글쓰는 방 의자에 앉으면 바로 보이는 벽이었다. 다음 날 아침 나는 20분 동안 의자에 앉아 떠오르는 생각을 글로 옮기는 작업을 하면서 간밤의 꿈을 생각하게 되었다. 그 구석이 좀 지저분하기는 했지만(조그만 스테레오, 테이프와 CD들, 책 종이 방석들) 그것 때문에 글을 못 쓰게 될 줄은 상상도 못했다.

어쨌거나, 나는 잡동사니를 치우는 것이 아무것도 쓰지 못하고 가만히 앉아 있는 것보다 쉬울 것 같아서 여러 가지 물건들을 정리하기 시작했다. 더 이상 쓰지 않는 물건들을 집 어던지고 났더니 차츰 마룻바닥이 보일 정도가 되었다. 그 순간 나는 엄청나게 놀랐다. 그 구석에 전기 코드를 연결하느라 작은 구멍을 파놓았는데 그 구멍을 통해 담쟁이 넝쿨이 자라고 있었던 것이다. 그 넝쿨은 20센티미터 또는 23센티미터 크기에 잎사귀도 두어 개 달려 있었다. 그것이 우리 집 땅 밑에서 구멍을 통해 그 구석으로 들어와 얼마 동안 자란 것이 틀림없었다. 그런데 잡동사니들 때문에 내 눈에 띄지 않은 것이었다.

이것이 내가 집 청소를 하게 된 계기였다. 나는 잡동사니 청소를 전문으로 하는 내 친구를 불렀다. 내 친구가 카렌 킹스턴Karen Kingston이 쓴 책『펑 수이와 함께 잡동사니를 청소하세요Clear Your Clutter with Feng Shui』를 가지고 와서 함께 읽었다. 저자는 우리가 어떤 물건을 계속해서 가지고 있을 것인가 아니면 던져 버릴 것인가를 결정할 때는 세 가지 질문을 하라고 권했다. 만약 세 질문 중에 적어도 한 가지에 예스라는 대답을 할 수 없다면 그 물건은 집어던지는 것이 좋다고 했다.

1. 나는 정말로 이 물건을 사랑하는가?
2. 내가 이 물건을 생각하거나 보게 되면 기운이 생기는가?
3. 이 물건은 정말로 쓸모가 있는가?

이 질문들이 내가 버릴 물건들을 결정하는 데 효율적으로 작용했다. 나는 벽난로 선반에서 꽃병을 집어 들었다. 이 꽃병은 마벨 아주머니로부터 받은 결혼 선물이었다. 그런데 실제로 이 꽃병은 내 기운을 뺏다. 그래서 나는 한 번도(그리고 절대로) 이것을 꽃병으로 사용하지 않았고, 사실은 이 꽃병을 미워했다.

이 꽃병을 버리면서 나는 몇 가지 저항에 부딪쳤다. 언젠가 이게 필요하면 어떻게 하지? 만약 마벨 아주머니가 상처를 받으신다면 어떻게 하지? 만약 내가 다른 것들을 — 꽃병, 돈, 사랑 등을 — 많이 가지지 못했다면 어떻게 했을까? 그러나 이런 생각들은 두려움 때문에, 또는 내 생각이 변화되지 않았기 때문에 생긴 것임을 알았다. 치우지 않으면 머지않아 잡동사니를 또다시 만들어 놓을 것임에 틀림없었다.

집을 청소하면서 달력과 내가 해야 할 일의 목록을 적어 놓은 노트를 집어던졌다. 나 자신과 가족을 위해 세워놓은 스케줄에 대해 세 가지의 질문을 해 보았다. 치과 약속? 나는 이 일을 사랑하지는 않는다. 그러나 정말로 필요한 일이다. 딸아이의 댄스 레슨? 내 생각에도 딸아이는 그걸 진짜로 즐기지는 않는 것 같다. 게다가 레슨 시간에 맞춰 가는 것은 나와 딸 둘 다를 지치게 만든다. 다양한 일들을 점검하면서 어떤 것들은 시간의 잡동사니라는 것을 깨달았다. 그것들을 던져버림으로써 나는 삶의 여유 공간을 만들 수 있다고 생각했다.

또한 내가 마음속에 많은 잡동사니들을 끌고 다닌다는 사실도 알게 되었다. 충분히 좋은 엄마가 못 되면 어떻게 하지? 집안은 언제나 깨끗해야만 하는데, 좀 더 생산적이어야만 하는데, 일이 좀 쉽게 돌아가야만 하는데, 사람들이 나를 잘 대접해 줘야 하는데, 나는 이 일을 감당할 능력이 없어 등등의 생각으로 나 자신을 지치게 만들고 있는 것이다. 이런 생각들은 내 머릿속을 둥둥 떠돌아다니면서 내 에너지를 갉아먹기 때문에 모두 쓸데없는 것들이다.

그래서 내가 꾸었던 꿈은 맞았다. 나는 다시 글쓰기를 시작했고 모든 종류의 잡동사니들을 청소하면서 우리 가족은 편안해지기 시작했으며 생활에서 여유 있는 마음을 가지게 되었다.

■ 잡동사니 청소하기 연습

카렌 킹스톤의 세 가지 질문을 당신의 삶의 영역에도 적용해 본다. 빈 공간을 만드는 데 대해서—
집에서나 하루의 일과에서—어떤 저항을 느끼는지 살펴본다.

···▶ 첫째로, 당신의 집안에서 잡동사니들을 꺼낸다. 한 가지씩 꺼낸다.
    그 물건은 당신에게 힘을 주었는지 아니면 기운 빠지게 했는지를 물어본다. 당신이 그 물건을
    사랑한다면 그것이 유용한지를 물어본다.
···▶ 다음으로, 시간의 잡동사니들을 살펴본다. 오늘 당신이 어쩔 수 없이 한 일은 무엇인가? 당신
    이 해야 할 필요가 없는 일들은 무엇인가? 어떤 활동이나 어떤 사람이 당신을 지치게 만드는
    가? 당신의 달력이나 아이들의 스케줄 어디에 빈 공간을 만들 수 있는가? 여유가 있다는 느낌
    이 당신에게 에너지를 주는가?
···▶ 정신적인 잡동사니를 살펴본다. 과거를 다시 생각하고 미래를 설계하는 데 얼마나 많은 시간
    을 쓰는가? 당신과 다른 사람에 대해서 늘 판단하는가? 당신은 인색한가? 모든 '해야만 한다'
    는 것이 당신에게 어떤 영향을 주는지 살펴본다. 이런 것들이 당신에게 힘을 주는가 아니면 힘
    을 빼앗는가?

    당신이 더 이상 필요로 하지 않는 물건들을 내던지고 나서 당신에게 더 많은 시간과 에너지와 공간이
    생긴 것을 축하하자.

자비로운 마음

달라이 라마의 가르침에는 다음과 같은 이야기가 있다. "우리는 엄마에게서 사랑을 배웠지 위대한 스승에게서 사랑을 배우지는 않았다. 위대한 스승은 후에 나타난다. 제일 처음 우리는 엄마로부터 자비로운 마음을 배운다. 엄마의 행동을 통해서." 우리는 아주 어렸을 때부터 엄마와 끈끈한 관계를 맺고 있다.

모성충만 연습을 하면 자신의 삶을 자비로운 마음과 사랑하는 마음으로 유지할 수 있는 능력을 가지게 된다. 어렵고 고통스러운 것들을 피하기보다는 더 가까이 끌어안으면서— 심지어 포용하면서—이런 느낌을 씻어내는 법을 배우게 된다.

이 장에서 실시하게 되는 명상법이나 연습은 우리 자신, 아이들 그리고 다른 사람을 향한 자비로운 마음이 더 크고 더 성숙할 수 있게 도와준다. 우주를 향한 엄마다움의 사랑이 우리의 끝없는 생활을 통해 우리에게 들어온다는 사실을 발견하게 된다.

여러분의 마음이 자신을 위해서, 아이들을 위해서, 세계를 위해서 넓게 열리기를 바
란다.

학교에 지각하기 연습

아이들은 당신에게 당신 자신에 대해서 가르칠 것이다. 아이들은 당신이 아주
자비로운 마음을 가질 수 있다는 것을 가르칠 것이다. 또한 당신이 엄마가
되기 전에는 당신 스스로 상상하고 있는 것처럼 훌륭하고, 침착하며, 유능하고,
명백하게 생각하고, 상당히 개방적인 사람이 아니었다는 사실을 알게 할 것이다.

– 해리엇 러너 『엄마 댄스The Mother Dance』

아침에 출근 준비가 늦어지고, 모든 일이 이상하게 흘러가고, 아이들은 도움이 안 되고, 그
러면 제정신이 아니게 되는 그런 아침이 누구에게나 있다. 그럴 때 당신은 이 세상에서 당
신이 가장 나쁜 엄마라고 생각할 것이며 당신 아이들은 이 세상에서 제일 못된 아이들이라
고 느끼게 될 것이다.

　내 친구 에이미와 나는 어느 날 점심을 같이 하면서 이런 이야기를 하고 있었다. 나는 에
이미가 어떤 상황에서나 무엇을 어떻게 해야 하는지를 잘 알고 있는 전문가라고 생각하고
있었다. 그녀는 의사이고 지역 병원에서 부모들에게 모성충만 연습을 가르치고 있으며 매
일 집에서 두 아이들을 상대로 모성충만을 연습하고 있기 때문이었다.

내가 그녀를 전문가라고 생각한다고 말하자 그녀는 웃었다. "나는 우리 아이들과 굉장히 바람직하지 않은 시간을 가진답니다!"

아이들과 싸우는 이야기를 함께 하고 나서 그녀가 말했다. "그런 일이 있는 날 아침에 나를 도와주는 좋은 방법이 있어요. 실제로 많은 여유를 주지요. 그것을 '학교에 지각하기 연습'이라고 불러요."

아무 날 아침이나 좋다. 당신이 더 이상 침착함과 제정신을 가질 수 없는 순간에 도달했다고 하자. 당신은 벌써 열다섯 번이나 아이들에게 준비가 다 되었느냐고 물었다. 그때 한 아이가 자기 곰 인형을 찾지 못했다고 징징거린다. 다른 아이는 제 손으로 구두 끈을 매겠다고 고집을 부린다.

그 순간 당신은 직장에 지각할 것이라는 것을 안다. 우선, 천천히 심호흡을 한다.

당신의 생각, 당신의 느낌 그리고 신체적인 감각을 의식하기 시작한다.

당신이 얼마나 짜증나고 스트레스 받고 있는지를 깨닫는다.

자, 이제 심호흡 한 번 더 — 당신의 아이들을 위해서. 아이들에게 무슨 일이 있었는지 살핀다. 어젯밤에 늦게 잤나? 제 손으로 뭔가 하고 싶기는 한데 아직 잘 안 되나? 실망하고 있나? 관심이 필요한가? 시간의 개념을 알기엔 너무 어린 나이인가? 목적지에 도착하려면 굉장히 오랜 시간이 걸린다는 걸 모르는가? 우리가 아이들의 이런 상황을 이해하게 되면 좀 더 효율적으로 반응해 줄 수 있다.

마지막으로 심호흡을 한다. '지금 무엇을 해야 하지?'를 위해서. 자신에게 '지금 이 순간 무엇을 해야 하지?' 라고 묻는다.

그리고 나서 무엇을 해야 할지를 선택한다. 곰 인형을 찾아 주든가, 구두 끈을 매주든가, 구두 끈 매는 방법을 분명하게 가르쳐주든가, 아니면 단순히 '나는 오늘 지각이구나' 하는 것을 인정하든가. 무슨 일이 벌어지든지 간에 당신이 제정신을 지키는 것이 중요하다.

세 번의 심호흡. 하나는 당신을 위해서, 또 하나는 당신 아이들을 위해서, 마지막 하나는 '지금 무엇을 해야 하지?' 를 위해서.

여러 번 반복해서—어쩌면 매일 아침—우리는 자신이 완벽한 엄마가 아니라는 사실을 인식해야 한다. 만약 우리가 완벽하다고 믿으면, 아이들이 우리를 현실로 돌아오게 할 것이다. 우리의 한계를 가르쳐주면서.

인생은 완벽한 것이 아니라는 것을 기억하자. 인생은 연습하는 것이다. 매 순간 충분히 존재하는 은총을 인식하는 연습이다. 은총은 언제나 어느 곳에나 있다. 우리는 그저 작은 공간을 만들고, 숨 쉴 수 있는 작은 방을 만들 필요가 있을 뿐이다. 은총을 인식하고 은총이 우리에게로 와서 우리의 마음을 부드럽게 해 주기를 바라면서.

그래서 매일 아침(또는 오후나 저녁에) 우리는 계속해서 모성충만 연습을 해야 한다. 우리 자신의 안과 밖에서 무슨 일이 일어나고 있는가에 주의 집중하면서 은총을 받아들일 수 있도록 마음을 열어놓아야 한다. 우리는 모든 순간에 —또는 대부분의 순간에 — 이렇게 해야 한다는 것을 기억하지 못한다. 그러나 우리가 연습을 계속 하다 보면, 지혜롭고 자비로운 마음으로 아이들과 우리 자신에게 반응하는 일이 조금씩 쉬워질 것이다.

자, 이제는 당신 차례다. 당신이 지각을 하게 되거나 스트레스를 받을 때,

···▶ 첫째로 당신을 위해서 천천히 심호흡을 한다.

···▶ 당신의 생각, 당신의 느낌 그리고 당신의 감각들을 인식해 보기 시작한다.

···▶ 당신 마음속에서 무슨 일이 일어나고 있는가에 주의를 집중한다. 안달하고 있는가? 옛날 방식
　　그대로인가?

···▶ 자, 이제 아이들을 위해서 심호흡을 한다.

···▶ 아이들에게 무슨 일이 벌어지고 있는가를 살핀다. 아이들의 눈에는 이런 것들이 어떻게 보일
　　것인가?

···▶ 그리고 나서 '지금 무엇을 해야 하지?' 를 위해서 다시 심호흡을 한다. '지금 이 순간에 필요한
　　것이 무엇이지?' 라고 자신에게 묻는다.

···▶ 이런 무질서 속에서 은총을 느낄 수 있는지 점검한다.

···▶ 그후에 다음 할 일을 선택한다.

부둣가 긴장감

불완전하고 엉클어진 우리의 삶에 예스라고 대답하는 데는
놀라운 대담함과 자유로움이 필요하다.

– 타라 브라크 『과격한 수용Radical Acceptance』

아주 우스꽝스러운 일이 우리가 샌프란시스코 베이에 갔을 때 일어났다. 우리는 친구의
50번째 생일 파티에 초대받았다. 생일 파티는 베이 크루즈에서 샴페인 브런치를 하는 것
이었다. 우리는 멋진 하루를 기대하고 있었다. 공기는 맑았고, 파도는 하얀 거품을 일으
키고 있었으며 우리 모두는 알카트라즈Alcatraz와 금문교의 전경을 즐기고 있었다.

우리는 오렌지 주스와 샴페인을 홀짝거리면서 배가 부두를 떠날 때 친구를 위해 축배
를 들었다. 그런데 2분 후, 확성기에서 나오는 소리 때문에 우리의 파티는 방해를 받았다.

"심한 바람 때문에 우리 요트는 부두로 돌아가야 되겠습니다. 오늘 세일링을 못할 것
같지는 않습니다만 곧 알려드리겠습니다."

우리는 믿을 수 없다는 표정으로 서로를 쳐다보고는 부둣가로 나가서 현장을 보기로 했다. 바람이 강하게 불기는 했지만 보통 때와 아주 다른 것 같지는 않았다. 해안에는 수많은 세일 보트가 부드럽게 물위를 지나고 있었으며 크루즈 배들도 마찬가지였다. 우리는 배의 난간을 보고나서 우리가 왜 급히 부둣가로 돌아와야 했는지 그 진짜 이유를 알았다. 선장이 배를 앞으로 운전하면서 실수로 부둣가를 들이받아 세 개의 커다란 통나무 말뚝이 배의 앞머리에 박히게 된 것이다. 부두의 거의 반이 배와 함께 움직이고 있었다.

배가 부둣가의 제자리로 돌아오자 확성기의 목소리가 다시 들렸다. "베이에 부는 강한 바람으로 인한 안전상의 문제로 오늘 항해는 못하게 되었습니다. 그렇지만 오늘의 브런치는 즐겨주시기 바랍니다."

이런 분명한 현실을 부인하는 목소리에 손님들 속에서 웃음이 터져 나왔다. 선원이 계속해서 강한 바람이 문제라고 고집하는 동안 사람들이 부러진 부둣가를 사진 찍는 모습은 희극적인 광경이었다.

• • • •

여기 중요한 문제가 있다. 우리는 모두 부둣가로 돌진한다. 그리고 가끔 30피트 나무 말뚝에 뱃머리를 처박는 일을 저지른다. 우리의 두려움, 분노, 부끄러움, 질투, 죄의식, 다이어트를 계속할 수 없다는 사실, 받아들이기 힘든 것들 그리고 누구에게도 들키고 싶지 않은 것들, 보이고 싶지 않은 무능하거나 부족한 것들. 그런데 우리는 실수를 저지른다.

우리가 분노하거나 남의 도움이 필요할 때, 혼란스럽거나 겁에 질리게 될 때 뭔가가 잘못되고 있다는 것을 자신이 인정하면서도 계속해서 자신을 평가한다. 그리고 불가능한 수준에 맞아야만 한다고 생각한다.

그러나 중요한 것은 아무도 완벽하지 않다는 사실이다. 한 명의 사람으로서, 고용인으로서, 아내로서, 엄마로서 우리는 인간일 뿐이다. 그뿐이다. 우리는 긍정적인 것과 부정적인 것이 섞여 있는 전체다. 심리학자 앨버트 엘리스가 주장한 것처럼 "우리는 실수하기 쉬운 인간이다." 실수투성이의 인간 클럽으로 여러분을 초대한다. 우리의 가치는 우리가 무엇을 하느냐에 달린 것이 아니라 그냥 단순히 우리가 살아있다는 사실에서 나오는 것이다.

바로 여기에 도전이 있다. 나는 무조건적으로 내 자신의 친구가 되어야 한다는 것을 기억하자. 내가 무엇인가(내가 왜 그렇게 말했지? 내가 좀 더 잘 알아야 했는데 등)에 집착해 있을 때, 내가 정신을 차리고 나에게 말하는 방식을 바꾸어서 진짜 친구처럼(애야, 너는 잘 했어. 마음을 편히 가져. 너는 이 일을 잘 처리할 수 있어) 말한다면 훨씬 기분이 좋아지고 마음을 편히 갖게 되고 부드러워질 것이다.

우리가 30피트 나무 말뚝을 — 분노, 참을성 없음, 질투, 게으름 — 제대로 알아차리게 되면 그것들에 대해 부끄러워하지도 않고 그것들을 부인하지도 않으며, 감추지도, 핑계 대지도 않고 그냥 단순히 '아이쿠, 그렇게 되었구나' 하게 될 것이다. 그게 바로 중요한 점이다. 그런 것들을 고치거나 멀리 보내버리지 않으면 그런 것들에 대해 두려움을 가지게 될 뿐이다. 이 두려움은 무엇 때문인가? 그 전에도 이렇게 느꼈었는가? 이번의 분노는 무엇 때문인가? 언제나 친절하고 판단하지 않는 태도를 자신의 습관으로 지켜 나가도록 해야 한다. 이것은 모든 것을 자신에게만 맡겨야 한다는 의미가 아니다. 그냥 부드럽고 여유 있게 자신에게 말하는 법을 배우면 되는 것이다. 여러분은 이게 무슨 의미인지 알 것이다. 심호흡을 하자.

무조건적으로 친절하기를 연습하면 자신을 평가하지 않게 된다. '나는 나쁜 엄마야. 나는 너무 뚱뚱해. 나는 지루해. 나는 형편없는 아내야. 나는 좀 더 잘 할 수 있었는데' 등의 심한 판단은 발전하는 데 도움이 안 된다. 이것은 오히려 수치심에 젖게 하고 두려움에 싸이게 한다. 만약 아이들이 우리의 이런 비판에 어떻게 반응할지를 깨닫게 된다면 우리 자신 속에 있는 그 유명한 '마음속의 아이inner child'를 생각하면서 우리 자신에게 더 친절해야 한다. 이런 연습으로 자신을 부드럽게 하고 자신을 좋아하게 되고, 사랑하는 사람들을 더 자비로운 마음으로 받아들일 마음을 열어놓게 되는 것이다.

사랑과 친절의 명상법

이것은 2600년이나 된 명상법이다. 아무런 문구도 없다.
어떤 단어를 마음대로 선택해서 자신에게, 사랑하는 사람들에게, 이 모든 세상에게 가장 필요한 것을 표현하면 된다. 다음에 인용하는 것은 잭 캔필드Jack Kornfield의 책 『마음과 함께 가는 길A Path with Heart』에 나오는 명상법이다.

나를 사랑과 친절로 가득 채워주소서.
나를 건강하게 하소서.
나를 평화롭고 편안하게 하소서.
나를 행복하게 하소서.

심호흡을 몇 번 한 후 이 구절들을 부드럽게 반복한다. 당신 자신을 어린아이로 상상할 수도 있고 현재의 모습 그대로 상상할 수도 있다. 사랑과 배려의 느낌이 당신 몸 속에, 마음속에, 그리고 심장 속에 꽉 차게 한다.

···▶ 차고에서 차를 빼 낼 때, 부엌에서 요리를 할 때, 책 상에 앉아 있을 때 등 언제나 이런 연습을 할 수 있다.
···▶ 작은 카드에 명상을 기록하고 당신이 잊지 않고 당신에게 사랑을 보내도록 일정한 장소에 놓아둔다.
···▶ 연습을 더 많이 하고 다른 사람들에게 그 구절을 보낸다.

마음속에 당신의 아이나 사랑하는 사람을 초대한다. 그 사람을 위해서 그 구절을 말한다.

그녀를 사랑과 친절로 가득 채워주소서.

그녀를 건강하게 하소서.

그녀를 평화롭고 편안하게 하소서.

그녀를 행복하게 하소서.

이 연습은 낮에 당신의 배우자와 친구를 위해서, 특히 어려움에 처해 있는 친구를 위해서 할 수도 있다.

그들을 사랑과 친절로 가득 채워주소서.

그들을 건강하게 하소서.

그들을 평화롭고 편안하게 하소서.

그들을 행복하게 하소서.

이런 방법으로 당신의 삶 속에 있는 사람들에게 친절과 사랑을 계속해서 바친다. 은행원이나 식료품 가게 배달원까지도 포함한다. 모든 사람을 위해서 당신의 마음을 연다. 당신의 사랑과 배려를 모든 동물에게, 모든 존재에게, 대지에게 베푼다.

모두 행복하고 건강하게 하소서.

한밤중에 아기 돌보기

호흡을 하는 것은 정신을 빨아들이기 위해서이다.

– 타라 브라크 『혁신적인 수용Radical Acceptance』

한밤중이었다. 우리 막내가 엄마 아빠를 부르면서 울고 있었다.

나는 몹시 지쳐있었다. 내 몸의 모든 부분이 이불 밑에서 쉬고 싶다고 하소연했다. 제발 잠 좀 자라. 아가야! 그러나 아이는 계속해서 울었다. 나는 깊은 한숨을 내쉬면서 일어나 비틀거리며 아이 방으로 갔다. 나는 피곤과 싸우고 있다.

이런 시간에 이런 일을 하는 사람이 나 혼자 만이 아니라는 생각이 그나마 나를 위로해준다. 이 시간에 세상 다른 어느 곳에선가 엄마 아빠가 아이를 보거나 아픈 식구를 간호하고 있을 것이라는 상상을 한다. 세상 어디에 있든지 깨어 있으면서 사랑의 요구에 응하는 모든 사람들과 나는 어떤 연결을 느낀다.

어떤 부모들은 나보다 더 지치고 더 두려움에 싸여있을지도 모른다. 나는 그들에게 사랑과 힘을 보내면서 그들을 도울 수 있다. 다른 날 밤에는 이들이 나에게 이런 종류의 지지를 보내 줄지도 모른다.

다음에 인용하는 기도는 이 험난한 인생살이에서 사랑하는 사람을 보호하는 이들을 기억하는 데 도움이 되는 시이다.

돌보는 사람을 위한 기도

돌보는 일의 고달픔을
너무 무겁게 느끼지 않게 하소서
나는 나보다 먼저 간 사람들과
내 뒤에 올 사람들을
기억합니다.
나 자신이 이 거대한 춤의 한 부분임을 압니다.
춤은 돌고 돕니다.
나는 돌보는 일이 특권이라는 것에 감사합니다.
나는 편안합니다. 나는 편안합니다.

– 제인 엘렌 몰딘, '영광, 할렐루야! 지금, 제발 양말 짝을 집어 들어라'

우리는 고통 받고 있는 순간에도 이런 명상 연습을 할 수 있다. 외롭다고 느낄 때 또는 지치고 압도당했다고 느낄 때, 무엇이 일어나고 있는가와 싸우는 대신에 우리는 그냥 함께 견딜 수 있다. 우리는 우리 자신의 엄마처럼 행동할 수 있다. '나는 네가 고통스럽다는 걸 알아. 나는 너를 위해서 여기에 있단다.' 이런 식으로 고통 받는 사람들에게 우리의 사랑을 보낼 수도 있다.

어려움에 대항하는 것보다는 그 어려운 입장에 기대는 것을 배우고 고통을 간직하고, 부드럽고 자비로운 마음으로 성장하는 것을 발견하게 된다.

■ "너를 위해 내가 여기 있단다" 연습

당신이 외롭고 불행하다고 느낄 때 이런 실험을 해 본다. TV를 켜거나 뭘 먹거나 자신을 들들 볶는 대신에, 그냥 심호흡을 하고 가슴 위에 손을 얹고 자신에게 이렇게 말한다. "나는 네가 고통 받고 있는 걸 알아. 너를 위해 내가 여기 있단다."

···› 어떤 사람들은 이런 말을 사랑하는 하느님이나 성스러운 존재로부터 듣는다고 상상하는 것이 도움이 된다고 한다.

···› 당신 마음속에 존재하면서 당신을 자비로운 마음으로 보살피는 엄마를 발견한다.

···› 당신의 가족이 고통을 받고 있을 때 이런 것을 연습해 본다.

···› 당신은 이들을 기도 속에, 팔 안에 품으면서 그들과 대화할 수 있다.
　　"나는 네가 고통 받고 있는 걸 알아. 너를 위해 내가 여기 있단다."

···› 당신은 당신과 비슷하게 고통 받고 있는 다른 사람들을 위해 이런 연습을 할 수 있다.

누군가가 당신의 말을 신중하게 들어 줄 때

우리가 경청하고 있을 때, 그것이 우리를 창조한다.
우리를 공개하게 하고 광범위하게 만든다.

– 브렌다 우에랜드 『당신이 글을 쓰고 싶다면 If You Want to Write』

줄리아나는 창밖을 내다보면서 "벤이 왔어!"라고 소리 지르면서 맨발로 뛰어 나가 벤이 차에서 나오기도 전에 그의 목에 팔을 두른다. 그녀는 발끝으로 깡충깡충 뛰고 있다. 창문을 통해서 나는 맏아들과 막내딸이 웃고, 포옹하고, 뛰면서 서로 사랑하는 것을 바라본다. 그들은 손을 잡고 집안으로 들어온다.

벤은 '펭귄들의 행진'이라는 기록 영화를 줄리아나와 함께 보려고 집에 온 것이다. 그들은 벤의 별명인 '펭귀들Penguidle'에 대해 이야기하면서 이 영화는 꼭 자기네들 둘이서 함께 봐야 한다고 했다.

그들은 방으로 들어가서 영화를 보고 있다. 옆방에서 나는 그들의 말소리를 듣는다. 눈을 감는 즉시 그들의 웃음소리가 내 귀에 들린다. 그들이 주고받는 농담이나 서로 놀리는 소리를 다 들을 수는 없어도 웃음소리는 듣는다. 줄리아나는 순수하다. 그 아이의 웃음소리는 종소리처럼 울린다. 벤의 소리는 굵고 깊다. 그들은 서로 사랑하고 같이 있다는 것에 기뻐하고 있다. 서로 농담을 주고받으면서 웃다가 조용히 앉아 있다. 눈으로 보지 않고도 나는 카우치에 벤과 최대한 가까이 앉아서 몸을 구부리고 있는 줄리아나가 보인다.

줄리아나는 오빠의 가장 좋은 부분을 찾아내고 벤은 자유롭게 웃으면서 줄리아나와 함께 다시 어린아이로 되돌아간다. 열한 살인 줄리아나는 척하는 겉치레도 없고 가면도 없다. 두 아이들은 서로 편하게 웃고 기뻐하고 순수하게 즐기면서 함께 이야기하고 서로의 말에 귀를 기울인다.

내 친구인 시인 존 폭스John Fox의 시가 생각났다. 그는 남의 말에 귀를 기울이는 것이 상당한 치유 효과가 있음을 시로 표현했다.

누군가가 당신의 말을 신중하게 들어 줄 때

누군가가 당신의 말을 신중하게 들어 줄 때
그것은 마치 찌그러진 컵을 들고 있는 것과 같다.
당신이 어렸을 때부터의 컵

그리고 그 컵이

차고 신선한 물로 가득 채워져서

컵 가장자리까지 균형 있게 차오르면,

당신을 이해한 것이다.

흘러 넘쳐서 당신의 살갗에 닿으면,

당신을 사랑받고 있는 것이다.

누군가가 당신의 말을 신중하게 들어 줄 때

당신이 있는 방에서

새로운 삶이 시작된다.

당신이 쓰고 있는

당신의 첫 시가

당신의 마음의 눈에서 빛을 내기 시작한다.

그것은 마치 금을 발견한 것과 같다!

누군가가 당신의 말을 신중하게 들어 줄 때

당신의 맨 발은 대지를 밟고

사랑하는 땅은 멀리 있는 것처럼 느껴지는데

땅은 당신 속에 들어와 있다.

- 존 폭스

우리가 상대방의 말을 신중하게 들으면— 우리 아이들, 우리 배우자, 우리 친구들, 낯선 사람들에게까지도— 존이 말한 것처럼 상대방은 금을 발견한 것과 같은 느낌을 갖게 되고, 자신과 상대방을 개방하는 데 도움이 될 것이다.

누군가가 당신의 말을 신중하게 들어 준다면 어떻게 느낄 것인가, 그 선물을 다른 사람에게도 전달할 것인가를 생각해 보자.

작가 브렌다 우에랜드는 경청에 대한 몇 가지 제안을 했다.

경청을 위해서 여기 몇 가지 제언을 한다. 매일 매일 평정을 찾도록 힘쓰라. 언제나 현재에 집중하라. 때때로 자신에게 이렇게 말하라.
"지금, 바로 지금 무슨 일이 일어나고 있지? 이 친구는 말하고 나는 조용히 있다. 시간은 끝이 없고, 나는 모든 말을 듣는다."
그러면 갑자기 당신은 사람들이 말하는 것만을 듣는 것이 아니라 그들이 말하려고 애쓰는 것까지 듣게 된다. 당신은 그들에 대해서 모든 진실을 감지하게 된다. 그리고 당신은 존재하고 있음을 느낀다. 반투명의 전체를 알게 된다.

– '당신이 가지고 있는 오른 팔의 힘Strength to Your Sword Arm'

⋯▸ 오늘 당신의 아이가 하는 말 속에 숨겨진 것을 듣도록 한다.
⋯▸ 당신의 아이가 말하는 동안 당신 마음속의 대화를 중단한다.
⋯▸ 듣는다.
⋯▸ 수동적인 말, 즉 "음! 아!" 같은 것은 경청하는 것이 아니다. 그것은 당신의 반쪽만이 존재하는 방법이다.

····▶ 충고나 의견을 말하는 것은 경청의 방법이 아니다.

····▶ 당신이 충고나 의견을 말하고 싶다는 생각이 들면 그 생각을 멈춘다.

이런 종류의 경청은 상대방으로 하여금 그가 사랑받고 있으며 흥미 있는 사람일 뿐만 아니라 가치 있는 사람이라는 느낌을 갖게 한다. 그래서 당신은 그의 말이 더 듣고 싶어진다.

이런 종류의 경청은 마술적이다.

좋지 않은 아주 나쁜 날

부모 역할은 우리의 좋은 모습과 나쁜 모습을 제대로 볼 수 있는 거울이다.
삶의 가장 풍요로운 순간이고 가장 무서운 순간이기도 하다.

– 마일라와 존 카바트–진 『매일의 축복Everyday Blessings』

나는 이런 어려운 부분은 쓰고 싶지도 않다. 식구들 모두 너무나 지치고 배가 고프고 짜증스러워 하는 토요일 오후에 사람들로 북적이는 쇼핑몰에는 가지 말았어야 한다. 이것을 이야기하는 것조차 너무 지루하게 느껴지지만 그 점에서부터 모든 것을 시작해야겠다.

우선 처음 3분 동안에는 줄리아나가 없어지는 일이 벌어졌다. 잠시 찾아보았더니 그 아이는 후미진 구석에 숨어서 쪼그리고 앉아 있었다. 나는 폴을 향해 이를 갈면서 좀 더 엄격한 아빠가 되어야 한다고 말하고 자기 옷은 자기가 집으라고 했다. 나는 줄리아나 팔목을 잡고 담배꽁초가 널려있는 쇼핑몰 바깥마당으로 갔다.

"네가 엄마 말을 잘 듣겠다고 결심할 때까지 여기 담배꽁초가 있는 더러운 마당에 가만히 있어!"라고 무섭게 말했다. 나는 사람들이 우리를 곁눈질하고 있다는 것을 느꼈다. 나는 그들이 내가 부모 역할에 대해서 강의하고 다니는 사람이라는 것을 모르길 바랐다. 내 머리카락은 흐트러졌고 블라우스는 더러웠으며 나는 내가 가지고 있는 겉모습에서 빠져 나오고 싶었다. 나의 눈은 찢어졌고 내가 평소 아이들에게 절대로 쓰지 않는 말로 이야기하고 있다는 것을 알아차렸다. 나는 왜 사람들이 부모가 되는지, 왜 쇼핑을 하는지 의아하게 생각하기 시작했다. 내 자신과 다른 사람에 대한 자비로운 마음을 잃어버렸다.

나는 굉장히 부끄러웠다.

바로 그 순간에는 내 마음에 심호흡을 할 어떤 여유도 찾을 수가 없었다. 나는 상처를 받았고 그 상처를 상대방에게 되돌려주고 싶었다. 나는 우리 아이들이 버릇없고 그렇게 된 것은 모두 나의 실수이며, 폴은 형편없는 아빠라고 생각했다. 더불어 그와 나는 둘 다 결점이 많은 엉터리 부모일 뿐만 아니라 모든 것이 어떻게 손 쓸 수 없이 돌아가고 있다고 생각했다.

폴은 집에 가자고 했다. 나는 내 마음의 벽에 대고 다른 선택이 없다며 소리 지르고 있었다. 다른 사람들은 모두 근사한 시간을 보내고 있는 것처럼 보였는데 우리는 왜 그렇지 못한가를 나는 알지 못했다.

우리는 말없이 걸었다. 몇 분 후에 나는 숨을 쉴 수 있는 여유를 찾았다. 줄리아나가 내 손을 잡았다. 나는 내 자신이 부드러워지고 있다는 것과 내 자신과 가족을 용서할 마음이 생겼다는 것을 알았다.

내가 세상에서 가장 나쁜 엄마라고 생각하는 날이 있다. 한때는 좋은 사람이라고 생각했던 내 자신을 잃어버리게 되는 날이 그런 날이다. 나는 이런 느낌이 얼마나 빨리 퍼지는지, 부정적인 에너지가 얼마나 약삭빠르게 우리 몸을 뒤덮을 수 있는지를 알고 놀랐다. 이런 현상은 대부분의 경우 어렸을 때 받은 상처가 다시 살아났을 때 또는 지금 이 순간 우리 아이들에게 일어나는 일과는 상관 없는 옛날 생각이 들 때 일어난다. 만약 우리의 느낌을 이해할 수 있는 여유가 생기면 필요한 것을 요구할 수 있게 된다. 자신을 잃어버리는 순간은 잠, 음식, 에너지, 참을성 등 무엇인가 고갈되고 있다는 느낌을 갖게 되는 순간과 같다. 그럴 때 자신에게 질문하고 들어본다. 내게 필요한 것이 무엇인가? 아이들이 원하는 것은 무엇인가?

이런 경험을 하는 것은 나만이 아니다. 절대로 하고 싶지 않지만 말하고 행동해야 하는 순간을 만나게 될 때 누구나 이런 경험을 하게 된다. 나는 그런 것에 핑계를 대지 않는다. 그러나 이런 순간에 자신과 사랑하는 사람을 용서하고 자비로운 마음을 갖는 법을 배워야 한다고 생각한다. 이것이 우리들의 연습이다. 이것은 믿을 수 없을 만큼 크고 심오한 도전이다. 우리가 변하려고 마음먹은 때에만 조금씩 조금씩 우리의 세계가 변하는 것이다.

혼란스러움, 분노, 참을성 없음 그리고 부정적인 씨앗들을 우리 속에 품을 수 있고, 이것이 세계가 안고 있는 문제의 근본이라는 것을 인식하고 그것을 깊이 생각하고 또 생각해야 한다. 그 문제들을 심각하게 생각하면서 무시하지 않고 변화시킬 수 있는 은총, 즉 연금술사의 기적과 같은 강건한 마음을 가질 수 있어야 한다. 그리하여 이 씨앗들이 지혜와 자비로운 마음, 너그러운 행동으로 변화될 수 있게 해야 한다.

　아기를 낳아 본 우리들은 고통을 없애고 새로운 생명을 효율적으로 세상에 내보내기 위해서 어떻게 호흡해야 하는지를 알고 있다. 우리 몸이 찢어지는 듯한 날에도 우리는 숨을 쉴 수 있다. 어떤 날에는 숨 쉬는 것만이 오로지 우리가 할 수 있는 일일 때도 있다. 그때는 아마 숨 쉬는 일만으로도 충분할 것이다.

　우리가 아기를 안고 있을 때 우리는 주위에서 일어나고 있는 모든 것을 안고 있는 것이다. 우리는 자신뿐만 아니라 가족과 세계를 변화시킬 수 있는 연습을 하고 있는 것이다.

자신을 용서하는 연습

먼저, 종이에 당신이 엄마로서 저질렀던, 다른 사람에게 절대로 알리고 싶지 않은 실수들을 적어 본다. 당신이 수치스럽다고 느꼈을 때 그 느낌을 당신의 어릴 때의 눈으로 이해할 수 있는가?

··· 적어놓은 단어와 문장들을 오려낸다.
··· 그것들을 책상 위에 쌓아 놓는다.
··· 그것들을 섞은 다음 다시 정리해서 새로운 문장으로 만든다.
··· 준비가 되면 그 모든 것을 집어서 그릇 속에 넣는다.
··· 그러고 나서 그 종이쪽지를 어떻게 할 것인가 결정한다.
··· 당신은 그릇을 싱크대로 가지고 가서 물을 부을 수도 있고 비가 오는 문 밖에 놓을 수도 있다.
··· 당신은 종이쪽지를 태울 수도 있고 멀리 집어 던질 수도 있으며 땅 속에 묻을 수도 있다.

이런 일을 할 때, 당신은 자신을 용서할 수 있다는 것을 알게 될 것이다. 당신 자신에게 진실을 말할 수 있으며, 말할 수 없는 것을 말할 수 있으며, 용서하는 사랑을 품은 당신 자신을 포옹할 수 있을 것 이다.

당신은 기도하고 싶을 것이고, 당신 모습 그대로의 당신을 사랑했던 부모님이 당신을 안고 있는 모습 을 상상하게 될 것이다.

엄마의 본능을 활성화하기

우리들 속에 있는 엄마로서의 모든 본능을 활성화 할 수 있다면,
우리는 이 지구를 구원할 수 있을 것이다. 바로 지금 그런 열정이
없다는 것은 부적절한 것이다.

— 헬렌 칼디콧(1981년 저자가 참석했던 강의에서)

어느 여름 날, 세 명의 어린이들—조앤, 존, 그리고 앤드류—은 엄마와 함께 산책을 하고 있었다. 그때 차 한 대가 길거리에 나타났고 갑자기 총소리가 들렸다. 차를 운전하는 사람은 치명상을 입어 운전대에 엎어졌고 차는 가족들을 덮쳤다. 세 명의 아이들이 모두 죽었다. 엄마는 살아남았지만 몸과 마음이 완전하게 회복되지 않았다.

그것은 1976년의 일이었다. 장소는 북아일랜드의 벨파스트. 차를 운전하던 사람은 IRA(아일랜드공화국군)이고 영국군에게 살해된 것이었다. 그곳에서는 이 사건이 하나도 이상한 일이 아니었다. 이런 종류의 폭력은 몇십 년을 두고 행해졌으며 멀쩡한 사람들이 죽어갔다.

이날의 사건에서 새로운 것은 어떤 엄마가 이 광경을 목격했다는 사실이다. 그녀는 차가 자기네 집 울타리로 쳐들어오면서 내는 굉음을 듣고 그 지점으로 달려갔다. 그 처참한 장면을 직접 보고, 그녀의 심리적 한계의 장벽threshold(자극에 대한 반응이 시작되는 분계점)은 무너졌다. 바로 그 순간에 그녀의 삶은 변화되었다. 그녀는 서른네 살로 두 아이의 엄마였다. 그녀는 마음이 아파서 소리 지르며 울었다. "그래 충분해. 폭력은 멈춰야 돼."

아무런 의식적인 생각이나 계획 없이 그녀는 집집마다 돌아다니면서 사람들이 이 의미 없는 폭력을 종식시키기 위해 일어나야 한다고 외쳤다. "당신이 어떤 종교를 가졌거나 어떤 정당에 가입했거나 그것은 문제가 안 됩니다." 그녀는 말했다. "이젠 일어나야 할 때입니다. 다른 방법을 찾아야 합니다." 그 후 여러 날 동안 그녀는 지칠 줄 모르고 사람들이 동조해 주기를 요구했다.

라디오와 TV 리포터들이 그녀의 활동을 보도했고, 그녀는 아일랜드 사람들에게 힘을 모아 평화를 위해 행진하자고 호소했다. 평화증진이나 개혁운동 등에 대한 배경은 없으나 그녀는 자신의 신념을 행동에 옮기기로 했다. 그녀는 호소문을 돌렸고 행진을 계획했으며 밧줄로 얽어맨 바리케이드를 부셔버렸다. 가톨릭과 개신교가 같이 하는 행사를 주도했다.

이 엄마의 이름은 베티 윌리엄스. 베티의 호소에 참여한 여인은 죽은 세 아이의 고모인 메어리드 코리건이었다. 메어리드와 베티는 북아일랜드에서 평화 여성운동을 시작했다. 후에 이 모임은 '평화의 사람들'로 알려졌다.

그 처참한 사고 이후 처음 가진 모임에서 수천 명의 개신교와 가톨릭 여성들이 베티와 메어리드의 부름에 응했다. 여성들은 각자의 동네에서 버스로 벨파스트에 모였다. 그들은 직접 만나 본 적도 없었고 전에는 종교의 차이 때문에 악의적으로 적대시했지만 버스에서 내리자마자 서로 부둥켜안았다. 남편과 아들과 딸을 잃은 슬픔이 그들을 하나로 뭉치게 했다. 두려움과 분노에서 벗어나 사랑했던 사람들을 위해 함께 행동하기로 했다.

길에서 아이들이 희생당한 지 한 달도 못 되어 아일랜드와 영국에서는 수천 명의 사람들이 변화를 요구하는 행진을 벌였다. 아일랜드의 교회 지도자들은 여성의 평화운동을 지지하는 성명서를 발표했다.

1976년에 베티 윌리엄스와 메어리드 코리건은 노벨 평화상을 받았다. 베티는 자기가 아일랜드에서 평화운동을 처음 시작한 사람이 아니며 세 아이의 죽음이 평화운동을 시작하게 한 것이라고 했다. 자기는 단지 그들을 위해 소리를 냈을 뿐이라고 했다. 그 당시 아일랜드 여인들이 느끼고 있는 감정을 말로 잘 표현한 것이었다.

베티는 지금 열심히 평화운동, 인권운동, 정의를 위한 비폭력 투쟁을 하고 있으며 특히 지구상에서 곤경에 빠진 아이들을 돕고 있다. 몇 년 전에 나는 개인적으로 그녀를 만날 수 있는 영광을 가졌다. 그녀는 우리 학회에서 강연을 했는데 그녀의 말에는 힘이 있었다.

나는 아이들에게 생명을 주는 우리 여성들이 굉장히 큰일을 한다고 믿습니다. 그러나 우리는 아이들에게 똑같은 삶을 마련해 주지는 못했습니다. 나는 세계의 엄마들이 한데 모여서 한 목소리로 다른 방법을 보여주어야 한다고 생각합니다.

회의가 끝나고 나는 베티와 호텔 로비에서 이야기를 나누었다. 그녀는 자신의 아이를 가졌든지 가지지 않았든지 간에, 누구든지 엄마로서의 자세를 확고하게 가지고 있어야 하며 우리들이 아이들을 보호해야 한다고 했다. 그녀는 우리가 함께 이 일을 계속해야 한다면서 "아이들은 우리를 필요로 해요"라고 말했다.

엄마의 본능 활성화하기 연습

우리는 자신의 심리적 장벽의 한계를 알고 있어야 한다. 두려움에서 벗어나 우리가 사랑하는 사람들을 위해서 행동할 수 있는 한계점을 알고 있을 필요가 있다.

– 데릭 젠센 『호프 매거진Hope Magazine』

당신의 심리적 장벽의 한계는 무엇인가?

당신은 그럴 때 어떻게 하는가?

당신은 무엇을 사랑하는가?

당신이 사랑하는 사람들을 돕기 위해서 어떤 행동을 해야 하는가?

⋯ 자비로워지도록 노력한다. 단호하고 보호적인 엄마의 본능이 당신의 한 부분이 되게 하고 당신이 하는 행동에 힘을 가하게 한다.

⋯ 다른 사람들과 협력해서 일하도록 한다. 같은 뜻을 가진 사람들로 집단을 만든다.

⋯ 창조적인 해결을 위해 활동하는 엄마 집단에 참여한다.

생각과 행동의 구체화具體化

사랑은 신체적인 과정이다. 우리는 다른 사람과 접촉하고 활동하면서 진정한 우리를 만들어 간다. 우리는 대부분 비언어를 통해서 대화를 한다. 대화는 몸을 통해서 이루어지는 것이지 언어를 통해서 이루어지는 것이 아니다.

엄마로서 우리의 몸은 여러 면에서 확대되었다. 우리의 배와 유방이 그것을 증명해 주며, 저녁마다 지친 뼈가 우리 자신을 위해 또 가족을 보살피기 위해 얼마나 애를 쓰고 있는지 증명해 준다. 몸에 대해 주의를 기울이는 것은 시간을 필요로 한다. 우리 몸은 기계가 아니다. 우리는 신체적인 접촉이 필요하다. 우리와 아이들이 번창하게 살기 위해서 우리는 춤추고 노래 부르며 놀고 자연과 가까이 살아야 한다.

모성충만을 연습하면 우리 몸의 가치와 몸을 믿어야 한다는 것을 배우게 된다. 그리고 우리의 감각을 활용하는 것은 우리의 마음을 집중시키는 놀라운 방법이라는 것을 발견하게 된다. 이 장에서는 우리의 몸에 집중하여 현재의 순간에 최선을 다해 살 수 있도록 하고, 아름다워지기 위해 영양을 공급하고 사랑으로 접촉하면서, 우리 가족을 위해 완전하게 존재할 수 있는 명상과 연습을 다루고 있다.

여러분이 매일 가족을 축복할 수 있도록 몸을 충분히 사랑하며 살기를 바란다.

포옹 명상법

아이를 안고 있거나 엄마나 남편이나 친구를 포옹할 때,
세 번 숨을 내쉬고 들이쉬면, 행복은 적어도 10배 이상
증가할 것이다.

– 틱낫한 『이해하는 마음The Heart of Understanding』

우리 가족들이 제일 좋아하는 명상법은 포옹 명상법이다. 우리는 바쁜 하루 일과를 마치고 집에 돌아와서 거의 매일 저녁 이 방법으로 명상을 한다. 이 명상법은 아주 쉽게 할 수 있다. 이 포옹이 옛날식의 그렇고 그런 포옹과 아주 다른 점은 다른 사람을 포옹할 때 등을 빨리 두드려주는 대신 포옹을 하고 세 번 호흡을 하는 것이다. 그것이 전부다!

처음 이 포옹법을 배우게 되면 우습거나 이상하게 느껴질 것이다. 그러나 OK. 당신이 사랑하는 사람을 포옹하고 한 번 호흡을 한다. 숨을 들이쉬고 내쉰다. 두 번째 호흡을 하면서 계속 포옹을 하고 있다. 무엇이 일어나고 있는지 그냥 주의해 본다. 두 사람의 호흡이 일치하고 있는가? 당신의 몸은 어떻게 느껴지는가? 두 사람이 같이 세 번째의 호흡을 한다.

포옹은 이렇게 단순한 행동이다. 그러나 우리가 포옹하고 접촉하고 보여주는 것은 바쁜 생활에서 아주 드문 일이다. 우리는 우리의 몸과 영혼이 이런 종류의 접촉을 갈망하고 있다는 사실을 알게 된다. 우리는 모두 그냥 안아 주기를 원하고 있다. 그냥 감싸 안아 주기를 기다린다. 우리와 함께 진정으로 충분히 존재해야 한다는 것을 요구할 뿐이다. 포옹은 엄마들에게 중요한 자양분을 제공하는 행동이다.

포옹하는 명상법은 하루의 일과를 끝내고 집으로 돌아오는 가족들에게 놀라운 효력을 발휘한다. 일터에서 집으로 오는 변화의 시간에 나와 남편은 때로 지치고 좀 짜증스러움을 느낀다. 그러나 우리가 잠시 포옹을 하고 깊은 심호흡을 세 번 하고 나면 우리는 둘 다 아주 편안한 자세로 돌아오게 된다.

이런 종류의 포옹을 보면 아이들(개도 물론)은 무언가 놀라운 일이 벌어지고 있다는 것을 알고, 자기네들도 이 포옹에 참여하고 싶어한다. 우리 집에서 우리 둘의 포옹은 종종 집단적인 포옹으로 변화되곤 한다.

우리 아이들은 TV나 컴퓨터를 멈추고 우리들에게로 온다. 그리고 우리 집 작은 강아지도 우리들 다리에 코를 대고 킁킁거리면서 자기도 안아달라고 한다.

당신의 배우자나 친구와 포옹 명상법을 한 번 해 보라. 처음 호흡. 두 번 째 호흡. 세 번째 호흡. 이것은 진정한 자기 자신으로 돌아오는 경험이다.

■■■ 포옹 명상법 연습

당신의 배우자나 아이나 친구를 이 새로운 종류의 포옹법에 초대한다. (어떤 사람은 눈을 동그랗게 뜨고 놀랄 것이다. 그러나 그대로 진행한다!) 당신은 이 포옹이 그냥 등을 도닥거리는 식의 포옹이 아니라 두 사람이 세 번의 깊은 심호흡을 하면서 계속하는 것이라고 설명할 수 있다.

··· 들이쉬고, 내쉬고, 들이쉬고, 내쉬고, 들이쉬고, 내쉬고.
··· 포옹하고 있는 동안 때때로 웃는 사람도 있다. 때때로 포옹하면서 긴장을 푸는 것이 어렵게 느껴진다. 그러나 OK. 포옹하는 것을 편안하게 느끼려면 일주일 어쩌면 그 이상의 시간이 걸릴지도 모른다.
··· 포옹 명상을 하기에 가장 좋은 시간은 식구들이 학교나 직장에서 돌아오는 시간이다. 또 다른 시간은 취침시간이다.
··· 그냥 호흡하고, 포옹하고, 자기 자신에게로, 포옹하고 있는 사람에게로, 그리고 지금 이 순간으로 돌아온다.

몸의 축복

사람이 축복을 받게 되면, 자신의 삶이 중요하다는 것과
그 삶 속에는 축복 받을 만한 무엇이 있다는 것을 알게 된다.

– 레이첼 나오미 레멘 『할아버지의 축복My Grandfather's Blessings』

우리는 아이들의 몸을 여러 방법으로 사랑한다. 일상생활에서 우리는 아이들의 몸을 흔들어 주어야 하고, 먹여야 하고, 안아 주어야 하고, 씻겨 주고 만져 주어야 한다.

거기에 나는 한 가지를 더하고 싶다. 축복을 주어야 한다.

우리 몸이 축복을 받게 되면 성스러워지고, 누군가가 내 몸과 영혼을 안아 주고 있다는 것을 알게 된다. 엄마로서 우리는 매일 가족들을 여러 방법으로 축복할 수 있는 특권을 가지고 있다.

물로 축복하기

아기를 씻겨 줄 때, 엄마는 그 매끄럽고 빛나고 부드러운 몸을 만지면서 희열을 느낀다. 아기가 물을 튕기면서 좋아하는 것을 보면 온 우주가 왜 물을 축복의 심벌로 삼고 있는지 쉽게 이해하게 된다.

아기를 목욕시키면서 아기 머리 위에 부드럽게 물을 끼얹을 때 엄마는 기도할 수 있다. 아기에게 감사할 수 있다. 그리고 아기의 몸과 정신이 건강하기를 기원할 수 있다. 우리 몸을 씻을 때도 우리가 아이들을 기쁜 마음으로 축복하는 것과 똑같은 방식으로 기도할 수 있다. 매일 샤워나 목욕을 할 때, 우리 몸을 깨끗하게 하고 부드럽게 해 주는 물을 축복으로 받아들일 수 있다. 이런 축복의 의식을 일상생활에 배어 있게 하면 기억하기가 쉬울 것이다.

머리를 빗겨 주면서 축복하기

아이들 머리를 빗겨 주는 것은 아이에게나 엄마에게 똑같이 귀찮은 일일 수도 있다. 때때로 시간에 쫓기면서 머리를 빗겨 주기 때문에 생각만큼 부드럽게 해 주지 못한다. 그러나 머리를 빗겨 주면서 축복하는 의식이 일상생활에 익숙해지면 정성을 다 해서 머리를 빗겨 줄 수 있다.

아이 머리를 빗겨 주기 시작할 때 머리를 부드럽게 만진다. 엄마가 보살펴주어야 하는 이 영혼에게 감사하는 기도를 조용히 드릴 수 있다. 머리를 빗겨 주면서 아이의 아름다움과 힘을 마음에 새길 수 있다. 이 영혼이 꽃 피울 수 있도록 도와주는 엄마의 지혜를 간구할 수 있다. 머리를 다 빗겨 주고 나면 아이에게 키스해 주고 사랑으로 보낸다.

손을 얹어주기

우리에게, 아이들에게 또는 배우자에게 치유가 필요할 때—몸과 마음 또는 정서— 손을 얹어주는 것은 강력한 사랑의 전달 방법이다. 온 마음을 다해서 서로의 몸을 손으로 만져 주고 축복할 수 있다. 우리의 손을 통해서 위로뿐만 아니라 진정한 치유를 보내 줄 수 있다. 우리가 사랑하는 사람의 몸을 만지면 엔돌핀을 발생하게 할 수 있으며 엔돌핀은 스트레스를 덜어주는 자연 치유약이다. 만져 주는 것은 우리 몸이 병에 대항할 수 있는 면역 기능을 북돋아준다. 그래서 아이들의 무릎에 생긴 상처에 후후하면서 키스하는 것이 실제로는 아이의 상처를 낫게 도와주는 것이다.

　엄마로서 식구들에게 손을 얹어 달라고 하거나 함께 앉아 달라고 하거나 치유하는 사랑으로 서로의 축복을 기쁜 마음으로 요구할 수 있는 것은 자신을 위해서뿐 아니라 가족들을 위해서도 큰 선물이다.

감사하는 연습

엄마로서 우리의 몸은 만성적인 피로에 젖어 있다. 우리는 자신을 축복할 수 있다. 그리고 우리 몸이 하고 있는 모든 일에 감사드릴 때 이렇게 말할 수 있다. "나와 많은 사람들을 잘 보살펴 주어서 고마워. 나는 네가 _____을 필요로 한다는 것을 알고 있어. 나는 최선을 다해서 너를 보살펴 줄게. 오늘 너를 위한 나의 기도는 _____ 야.”

몸을 위한 명상을 많이 하면 몸의 여러 부분에 대해서 잘 알게 되고 그 여러 부분이 열심히 일하고 있음에 감사하게 된다.

> 발 : 오늘 나를 여기저기로 데려다 준 것에 감사한다.
> 팔 : 여러 번 아이를 들어 올리고 안아 주게 해 주어서 감사한다.
> 머리 : 생각하고 꿈을 꾸고 많은 일들을 기억하게 해 주어서 감사한다.

임신 중에 몸에 대해서 이런 명상을 하는 것은 새로운 생명을 이 세상에 내놓기 위해서 무슨 일을 해야 하는지를 일깨워주는 훌륭한 방법이다.

나이 들어감에 대한 축복

우리 몸과 관련해서 가족이나 친구들과 함께 하는 축복의 의식은 출생, 사춘기, 폐경, 질병과 치유, 죽음 등 참으로 많다. 종교적인 전통에 따라 이런 축복의 의식을 가질 수 있다. 이것은 인생의 모든 단계에서 우리를 담아 준 성스러운 그릇인 몸을 명예롭고 영광스럽게 하는 축복의 의식이다.

■ 손을 명예롭게 생각하는 연습

당신 손으로 아이들의 몸을 축복한다.

⋯▶ 당신 손이 가족을 위해서 하는 모든 일에 감사하는 마음으로 몇몇 순간을 생각한다. — 식사 준
   비, 창조적인 일 하기, 아픈 아이의 이마 만져 주기, 끈적거리는 손가락을 닦아 주기, 더러운 기
   저귀를 갈아주기, 청구서 금액 납부하기, 매끈거리는 몸 씻겨주기, 세탁물 개키기.
⋯▶ 매일 당신의 손으로 사랑이 어떻게 전달되는지를 인식한다.
⋯▶ 당신의 손은 엄마의 손이라는 사실, 평상적인 삶의 예식을 집행하는 엄마의 손이라는 사실에
   감사한다.

일곱 번의 밤을 줄곧

내가 절대로 하지 않기로 한 행동에 대한 하나의 후회는
내가 죽음에 이르렀을 때 우리가 키스하지 않은 것 그것이 전부다.

– 하피츠 '하느님의 사랑의 시'

몇 년 전에, 나는 슈퍼마켓 계산대에 서서 여성 잡지의 제목들을 읽고 있었다. 그 여성 잡지에 따르면 모든 사람이 10파운드씩은 줄여야 할 것 같고, 그 잡지를 사기만 하면 하루 만에 체중을 줄일 수 있을 것 같아서 안심이 되었다.

모든 잡지들이 같은 주제를 다루고 있었다. 체중 감량, 집 단장 새로 하기, 더 많은 섹스, 그리고 살찌게 하는 휴일 레시피(그래서 휴일 후 체중 감량에 대한 잡지를 사지 않을 수 없게 만드는).

나의 호기심을 끈 것은 '더 많은 섹스'라는 헤드라인이었는데 '일곱 번의 밤을 줄곧'이라는 부제가 붙어 있었다.

"미쳤어." 나는 큰 소리로 중얼거렸다. 그러고는 누가 들었을까 봐 주위를 둘러보면서 그 잡지를 태연하게 카트에 던졌다.

이번 달은 신체적으로 친밀하게 지낸다는 면에서 보면 나와 남편에게는 힘든 달이었다. 유치원에 다니는 우리 딸은 새벽 4시 2분에 우리 침대로 왔다. 세 아들들은 다루기 아주 힘든 10대여서 잠잘 시간이 훨씬 지나서도 깨어 있었고, 전자레인지에서 치즈 햄버거와 팝콘을 튀겼다.

매일 저녁 식탁에서 폴과 나는 서로 눈으로 윙크를 주고받았다. 어쩌면, 정말 어쩌면 오늘은 할 수 있겠지의 뜻으로 하는 윙크였다. 그러나 침대에 들어가는 순간 나오는 것은 하품과 한숨이었다. 그래서 우리는 서로에게 "어쩌면 아침에는" 하는 눈짓을 했다.

그래서인지 잡지의 기사가 나를 유혹했다. 집에 오자마자 나는 딸에게 비디오를 틀어 주고 기사를 읽었다. 그 기사에는 매일 밤 부부들이 취하는 체위에 대한 사진도 곁들여 있었다. 기사를 다 읽고 나서 남편 폴에게 전화를 했다.

"여보, 당신 집에 오면 깜짝 놀라게 해 줄 뭔가가 있어요." 나는 그에게 기사의 내용을 조금 설명했다. 그는 금방 집으로 왔다.

그래서 빨리 빨리 모든 것이 진행되었다. 그 생각은 근사했는데 실상은 이렇다.

첫 번째 날 밤 : 우리는 힘차게 시작했다. 섹스에 대해서 이야기하게 된 것만으로도 기뻤다. 요리를 끝내고 치우고 숙제를 점검하고, 취침 기도와 키스까지 해 주고나서 2층 침

실로 향했다. 마치 10대처럼 침대 속으로 들어가면서 웃었다. 일곱 번의 밤을 줄곧 이렇게 하다니. 이건 정말 멋진 일이다.

두 번째 날 밤 : 어젯밤처럼 급하게 침실로 가지는 않았지만 침대 속에서의 일을 기대하고 있었다. 이렇게까지 해야 한다는 데 대해서 좀 피곤했다. 개가 짖기 시작했으므로 방해를 받았고 아이들에게 개를 들여 놓으라고 소리를 질러야 했다.

세 번째 날 밤 : 3일 밤을 줄곧! 우리는 최근, 우리 딸이 태어난 이후로는 한 번도 해 보지 못한 영역으로 들어가고 있었다. 침대 위에 쌓여 있는 세탁물을 접느라 시간을 늦출 수밖에 없었다. 침대 속으로 들어가서는 다음 날 아이들을 누가 학교까지 태워다 줄 것인가를 이야기하다가 잠이 들어 버렸다. 그러나 이튿날 아침 우리는 정말 일찍 잠에서 깨어 잃어버린 시간을 보충했다. 우리는 이 시간을 어제의 시간으로 계산하자고 했다. 약간 사기처럼 느껴졌지만, 우리는 여전히 '일곱 번의 밤을 줄곧' 이라는 그 궤적을 따르고 있었다.

네 번째 날 밤 : 우리는 침대에 들어갔다. 오늘은 힘든 날이었다. 서로를 힐끗 쳐다 보았다. 계산대에서 내가 중얼거렸던 "미쳤어!"라는 말을 내 속에서 들을 수 있었으나 나는 "그래요, 여보, 뭘 생각하고 있어요?"라고 물었다. 신체적인 접촉을 싫어하지 않는 남편이지만, 지금은 많이 얻어맞은 축구 선수 같은 표정을 하고 있었다. 그러면서도 팀을 위해서는 언제라도 뛰어들 태세였다. "나는 준비됐어." 그가 하품을 하면서 말했다. 나는 그의 품에 안겼다. "잠시 동안 눈 감고 가만히 있으면 어때요?" 내 제안에 그는 코고는 소리로 대답했다.

다섯 번째 날 밤 : "오늘이 네 번째 날인가 다섯 번째 날인가?" 우리는 의아했다. 우리는 뒤쳐지고 있었다. 우리는 서로를 쳐다보면서 아무 베개나 베고 잤다.

여섯 번째 날 밤 : 잡지 기사가 뭐였지?

일곱 번째 날 밤 : 우리는 굿나잇 키스를 했다. "내일 아침 일찍." 우리는 속삭였다.

아이들을 가진 부부가 일곱 번의 밤을 줄곧 섹스를 했다는 기록이 있을까 궁금하다. 내가 틀렸을지도 모른다. 어쨌거나 우리는 여전히 노력하고 있다. "그거 괜찮은 목표인걸." 남편은 계속해서 나에게 말하고 있다.

애무愛撫하기 연습

이것은 부부를 위한 좋은 연습이다.

⋯ 시간을 내서 서로 애무하는 경험을 가진다.
⋯ 배우자를 눕게 하고 눈을 감게 한다.
⋯ 부드럽게 배우자의 얼굴, 목, 가슴, 팔, 배, 다리를 만진다.
⋯ 이렇게 하면서 성기가 있는 부분은 피한다.
　접촉하는 당신의 감각에 집중한다.
⋯ 손가락으로, 손바닥으로, 손등으로 번갈아 가면서 만져 준다. 이것은 마사지가 아니다.
　당신은 애무하는 즐거움에 집중한다.
⋯ 오래 쓰다듬는 것과 잠깐 쓰다듬는 것의 차이를 느낀다.
⋯ 대화는 하지 말고 이 경험을 즐긴다.
⋯ 당신이 끝나면 상대방과 위치를 바꾼다.

대대代代로 이어지는 몸

우리가 소유하고 있는 우리의 몸, 이 순간 여기에 앉아 있는 몸,
어쩌면 고통스러운 몸, 그러나 바로 지금 이 순간에 우리가 간직하고 있는
이 마음이 완전히 인간이고 완전히 깨어 있고, 완전히 살아있는 것을
인식하는 것은 도움이 된다.

― 페마 쾨드론 『도망가지 않는 지혜The Wisdom of No Escape』

나는 자신의 몸을 별로 좋아하지 않는 집안에서 태어났다. 우리 할머니의 사진은 대부분
두 손으로 얼굴을 가리고 찍은 것이기 때문에 나는 할머니의 손가락 사이로 할머니 얼굴
을 상상할 수밖에 없다. 할머니는 남에게 자기 얼굴을 보이기 싫어했다.

할머니의 딸, 즉 엄마도 역시 아일랜드계 가톨릭 가정에서 태어났다. 엄마는 사람의 몸,
특히 여자는 가슴을 남에게 보여서는 안 된다고 생각했다. 엄마가 우리 딸들에게 한 만트
라眞言는 "너희의 헤드라이트를 감춰라!"였다. 나는 고등학교를 마칠 때까지 풍성한 옷만
을 입어야 했다. 아이러닉하게도 내 브레이지어 사이즈는 AA였다. 몇 년 동안 나는 이런

몸을 가지고 있다는 것에 대해 좋지 않게 생각했고 때때로 내가 눈에 보이지 않는 존재였으면 하고 바랐다.

지난 몇 년간 나는 다른 많은 여성들과 마찬가지로 몸매 때문에 노력했다. 엄마가 되었다는 경험—임신, 젖 먹이기, 목욕시키기, 잠재우기, 안아 주기—등을 하면서 내 몸이 얼마나 성스럽고 강력한가를 알게 됐다. 나는 내 몸이 무엇을 해야 하는지를 안 후 무서워졌다.

딸을 키우고 있는 것도 도움이 되었다. 줄리아나는 열한 살이 되었고 나는 그 아이의 몸을 사랑한다. 줄리아나가 자기 몸을 사랑하는 것 또한 사랑한다. 그녀가 거울을 보면서 자기가 어떻게 변해가고 있는가를 보면서 기뻐하고 있다. 며칠 전 그녀가 "엄마는 나를 쳐다볼 때 무엇을 보세요?"라고 물었다.

"아주 아름다운 소녀." 내가 대답했다.

"그래요, 그 이외에 뭘 보지요?" 그녀가 물었다.

"아주 매력적인 소녀?" 나는 모험을 했다.

"아니, 그것은 아름답다는 것과 같은 말이예요."

그리고 거의 동시에, 줄리아나가 자기의 부풀어 오르는 가슴을 보면서 마음속으로 생각하던 대답을 우리 둘이서 함께 했다. "굉장히 빨리 성숙하는 소녀."

줄리아나는 순수함과 사춘기가 분리되는 지점에 있었다. 나무를 타고 올라가는 것을 즐기고 편안하게 느끼면서, 동시에 매니큐어를 칠하고 화려한 옷 입는 것을 즐기고 있다. 우리 엄마와 할머니가 내게 했던 대로 줄리아나에게 자신을 숨겨야 한다고 말하는 것은 상상할 수도 없지만, 내가 하는 말이 줄리아나에게 엄청난 영향을 미친다는 것을 깨달았다. 줄리아나는 내가 스스로 여성임을 편안하게 느낀다는 것을 그대로 받아들일 것이다.

• • • •

어제 엄마는 줄리아나를 봐주다가 무릎 뼈가 부러졌다. 엄마는 지금 70대이고, 심각한 골다공증을 앓고 계시다. "스위스 치즈 같다"는 것이 의사의 표현이다. 엄마의 골격이 천천히 연해지면서 뼈는 하얀 레이스처럼 되어 쉽게 부러지고 땅으로 돌아갈 길을 찾고 있다.

엄마는 전에 팔목, 골반, 어깨 그리고 여러 대의 갈비뼈가 부러졌었다. 지금은 무릎이다. 내가 주의를 드렸음에도 불구하고 엄마는 2층으로 올라갔던 것이다. 줄리아나는 할머니가 쓰러져서 몇 개의 층계를 굴러 아래층으로 떨어지는 소리를 듣고 달려갔다. 자기가 TV를 보느라 할머니를 봐드리지 못했다는 죄의식에 사로잡혀 있다.

병원에 갔을 때 나는 다른 방에서 들려오는 울음소리와 휴대전화 소리, 웃음소리를 들었다. 사랑하는 사람이 병원에 입원했기 때문에 가족들이 모여서 만들어 내는 소리였다. 엄마는 불안해 하셨는데 간호사가 엄마의 손에 로션을 발라주고 마사지를 해드리면서 다 괜찮을 거라고 엄마를 안심시켜드렸다.

내 동생들과 나는 교대로 엄마 병실을 지켰다. 나는 엄마에게 블루베리 요구르트를 먹여드렸다. 나는 엄마에게 입을 벌리라고 강요하는 것처럼 내 입을 자발적으로 먼저 벌렸다. 나는 우리 아기들에게도 이런 식으로 먹였다. 부드러운 음식을 한 숟가락 채워서 엄마 입술 사이로 넣어드렸다. 눈물을 흘리면서 엄마는 내게 말했다. "이게 바로 내가 할머니에게 해드렸던 대로구나." 나는 그것이 또한 엄마가 나에게 먹이던 방식이라는 것을 알았다.

줄리아나가 나와 함께 왔다. 나는 조용히 생각했다. '잘 보고 배워라, 얘야! 이것이 엄마에게 음식을 먹이는 법이란다. 어느 날, 너는 나에게 이런 식으로 먹일 것이다.' 우리 셋이 병원 방에 함께 앉아 있다. 우리는 가족이다. 우리는 서로 보살피고 서로의 몸을 돌본다.

■ 대대代代로 이어지는 몸 연습

당신이 소녀였을 때 찍은 사진들을 찾는다. 아장아장 걸을 때, 열 살 때, 십대가 되었을 때.

···▶ 각 사진들을 자세히 들여다보면서 사진 속의 소녀를 본다.

···▶ 당신의 젊은 모습이 질문하고 대답하는 것들을 일기에 적는다.

그 소녀는 자신의 몸에 대해서 무엇을 알고 싶어하는가?

그 소녀가 거울을 보면서 '당신은 무엇을 보느냐'고 물으면 어떻게 대답할 것인가?

···▶ 여든 살이 된 당신에게 편지를 써 본다.

"친애하는 나에게,
이것이 당신의 몸에 대해서 말하고 싶은 것들입니다."

당신이 여든 살이 되었을 당신에게 무슨 말을 할 것인가를 생각한다.

경이驚異로움으로 구원받다

만약 신이 "루미야, 너를 도와주는 모든 것에게 경배해라.
그러고 나서 나의 팔에 안겨라" 라고 말씀하신다면, 내 인생에는 단 한 가지의
경험만이 있을 수는 없다. 단 하나의 생각만이 아니라, 단 하나의 느낌만이 아니라,
단 하나의 행동만이 아니라, 나는 어떻게 경배해야 할지를 알지 못할 것이다.

– 루미 '신으로부터의 사랑 노래'

우리는 마음과 정신을 다해 기도할 뿐만 아니라 우리의 몸도 함께 기도한다. 두 손을 마주 잡고 무릎을 꿇는다. 깊이 고개 숙여 인사한다. 완전히 엎드린다. 찬양하고 간구하기 위해서 팔을 벌린다. 기도드리는 자세는 신앙적인 전통에 따라 다양하겠지만, 모든 전통이 신성한 경험을 얻기 위해서 몸을 함께 써야 한다는 가치는 공통적으로 가지고 있다.

내 친구 캐롤린 포스터는 기도하는 자세가 어떻게 한 사람의 목숨을 구했는가를 이야기했다. 몇 년 전 유니세프에서는 건강한 육아법에 관한 지침서를 펴내기 위해 캐롤린을 고용했다. 캐롤린의 임무는 여기저기 현장을 조사하고 기사를 써야 하는 것이었기 때문

에 방글라데시까지 가게 되었다. 방글라데시에서는 현장 연구가 필요했다. 해발이 낮은 그 나라에서는 홍수 때문에 매년 수천 명이 목숨을 잃었다. 내 친구는 사람들에게서 홍수에 얽힌 여러 가지 영웅적인 이야기와 행운, 불운의 이야기를 들었는데, 모든 이야기의 중심에는 언제나 알라신이 함께 했으며 사람들은 모두 겸손하게 알라신에 대해 이야기하더라고 했다. 어느 날 캐롤린의 운전기사가 몇 년 전 홍수 속에서 기도가 어떻게 자기의 목숨을 구해 주었는지 이야기해주었다.

그는 거대한 물난리가 있을 것을 알고 다카를 떠나 마을에 있는 자기 집으로 갔다. 그는 아내와 엄마와 아이들을 데리고 덜 위험한 지역으로 떠나면서 소도 데리고 가야겠다는 생각을 하고 뒤를 돌아다보았다. 그때 갑자기 거대한 물살이 그의 차를 덮쳤다. 그는 길거리를 삼키기 시작한 무서운 물결에 휩쓸렸다. 물살은 그를 아래로 잡아당기고, 오랫동안 허우적거리느라 그의 기운은 다 빠졌다.

그는 자기가 죽어가고 있다는 것을 알았다. 그는 마지막으로 헐떡거리면서 물 위로 떠올랐다.

바로 그 순간에 그는 하늘에서 믿을 수 없이 찬란한 빛을 보았다. 검은 회색빛의 폭풍 구름은 갈라지고, 영원히 계속 될 것 같은 핑크색, 푸른색 그리고 황금색의 일몰이 보였다. 이런 아름다움에 감동해서 그는 저절로 팔을 벌려 전통적인 기도의 자세를 취했다. 경외敬畏롭고 경이驚異로운 마음으로 하루에 다섯 번씩 평생 알라에게 기도했던 자세를 취하려고 했다.

이것이 그의 마지막 순간이 될 것이라는 것을 어렴풋이 느끼면서, 그가 왼쪽 팔을 들어 올리려는 순간 삐져 나온 나무뿌리가 그의 손에 잡혔다. 물살에 흘러가던 그의 몸이 멈추었다. 이런 기적에 놀라면서 그는 물이 빠질 때까지 그 나무뿌리에 매달려 있었다.

내 친구 캐롤린에게 이 이야기를 하고 나서 그는 깊은 확신에 찬 듯 "내 생명은 경이驚異롭게 구원 받았습니다!"라고 말했다.

어쩌면 많은 생명들이 경이롭고 경외롭게 찬양하는 자세에 의해 구원 받았을지도 모른다.

▰ 기도하는 자세 연습

오늘 기도 또는 명상의 자세를 취하고 신성함에 깊이 몰입해 본다.

···› 아이들과 기도하는 자세를 취하고, 당신이 몸으로 어떻게 경이롭고 기쁜 찬양의 자세를 취하는지 알게 한다.
···› 당신이 전에는 한 번도 해 보지 않은 자세를 가져본다. 예를 들면 절하기, 무릎 꿇기, 땅바닥에 납작하게 엎드리기 등.
···› 기도하는 자세로 그냥 두 손을 모으고, 당신의 일생과 당신의 손으로 사랑했던 모든 것을 집중해서 생각한다.
···› 일정한 시간을 정해 놓고 절하거나 두 손을 모으는 자세를 취하는 습관을 가진다. 침대에서 일어나서 아침을 맞을 때, 식사시간에 식구들이 모두 모일 때, 하루 일과를 끝내고 현관으로 들어설 때.

자연과 가까이 하기

"여기 좀 봐!" 나는 냇물에게 말했다. 나는 놀랐다. 새로운 물방울 하나하나가
진정한 아름다움이다. 나는 그 아름다움을 절대로 부정하지 못할 것이다.
나를 경악하게 하는 것은 내가 그걸 잊어버린다는 사실이다.

– 애니 딜라드 「자연의 지혜 Pilgrim at Tinker Creek」

애니 딜라드의 퓰리처 수상 작품의 첫 문장은 "나는 시냇가 옆에 산다. 버지니아 주 블루
리지 계곡에 있는 팅커 시냇가 옆에서"이다. 나는 그녀의 글을 읽으면서 나 또한 시냇가
옆에 살고 있음을 깨달았다. 사라토가 시냇가. 단지 내가 사는 시냇가 옆 계곡의 이름 앞
에 실리콘이라는 말이 있을 뿐이다.

　이 계곡— 언덕과 만灣으로 이어진 광대한 땅—은 한때는 '마음이 즐거워지는 곳' 이
라는 이름으로 불렸던 계곡이다. 많은 사람들이 사물과 가까이 하기 쉬운 곳이라고 생각
된다. 때때로 이곳에는 심장보다도 실리콘이 더 많은 것 같다. 나무, 과수원, 창조주와 가
까이 살 수 있는 물줄기가 없어서인가? 아니면 너무나 많은 콘크리트, 많은 프리웨이, 너

무 빠른 속도들 때문인가? 다른 많은 곳과 마찬가지로, 여기서도 우리가 스크린 앞—TV, 컴퓨터, 영화—에서 느끼는 것처럼 자연 세계와 멀리 떨어져 살고 있다고 느끼기 때문일 것이다.

옛날에 현명한 사람들은 황야의 자연 가까이에서 신의 얼굴을 마주하고 살았다. 시편 작가들은 잔잔한 물가와 푸른 초원에서 영혼이 소생한다고 썼다. 모세는 그의 백성을 광야로 인도해서 신을 벗고 산꼭대기에 올라 영원한 하느님의 말씀을 두 개의 비석에 새겨받았다. 부처는 보리수 밑에 앉아서 대지를 만지면서 각성覺醒한 자가 되었다. 예수는 그가 '사랑을 받은 자'라는 목소리를 듣고 성령에 이끌려 광야로 갔다. 거기서 그가 알아야 할 것을 배웠다. 광야에서 그와 그 자신을 둘러싼 모든 것을 보호하는, 너무나 포괄적이어서 아무것도 남기지 않고 포용하는 거대하고 살아 숨 쉬는 하느님의 소리를 들었다. 마호메트는 동굴 속에서 기도하고 명상하면서 빛의 산에서 천사를 만났다.

나는 사라토가 시냇가를 걸으면서 자연과 어떻게 가까이 지낼 수 있을까를 배웠다. 나는 바깥에 앉아 있다가, 나무 밑에 누워서 내 눈에 보이는 것 이상의 넓은 공간으로 눈을 돌렸다. 나는 대답보다는 질문을 많이 했다. 평화롭고 자연스럽게 흐르는 물이 '내가 엄마 역할을 하는 데 무엇을 가르치고 있는가? 내 삶을 어떻게 살라고 가르치려는 것인가?' 라는 질문을 했다.

계절은 6월 초였다. 잔디는 아직 푸르고 산들바람에 흔들리고 있었다. 시냇물은 겨울 눈 녹은 물과 봄비로 작은 풀을 이루고 있었다. 물이 흐르는 것을 보고야 그것이 시냇물임을 알 수 있다. 지금은 작은 조약돌로 덮여 있는 마른 바닥이 그냥 시궁창으로 보일 것이다. 오리들은 물이 있을 때만 찾아오고, 수컷 오리들은 한 마리의 암컷 오리를 차지하려고 싸운다. 까마귀는 자기 둥지에 가까이 오지 말라고 나를 향해 울고 있다. 붉은 꼬리의 독수리는 둑 건너에서 나를 계속 바라보고 도마뱀은 블랙베리 숲 밑을 종종 걸음으로 기어간다. 다람쥐들은 어디에나 있다. 반쯤 먹은 땅콩 껍질을 떨어뜨리면서 조잘대고 있다.

몇 년 전, 나는 유치원에 다니는 딸을 데리고 소풍왔을 때 이 시냇물을 발견했다. 그때 나는 이 시냇물이 지금 내가 보고 있는 것과는 다른 시냇물이라고 생각했었다. 우리는 그때 집에서 8마일 떨어진 이곳에 소풍왔었는데 나는 그 시냇물을 사랑했다. 냇물은 맑고 신선했다. 작은 다리가 있었고, 버드나무, 오리나무, 이집트 무화과 나무, 월계수 나무들이 그림자에 맞추어 가볍게 춤추고 있었다. 딱따구리 소리와 아이들이 와자지껄 떠드는 소리, 바위 위를 흐르는 물소리로 공원은 가득 찼다. 그날 이후로 나는 딸을 유치원에 내려놓고 이 공원으로 와서 산보하고 글을 쓰고 기도했다.

그래서 오늘 나는 놀랐다. 유치원 근처에 있는 시냇물이 우리집에서 가까이에 있는 바로 그 시냇물과 연결되어 있다는 것을 발견했기 때문이다. 이 시냇물은 실리콘 밸리와 교외를 25마일의 속도로 맴돌고 있다. 이 시냇물은 샌프란시스코 만으로 흐르는 3,000피트 높이의 수원으로부터 흘러나오는 것이다. 나는 이 시냇물이 내가 25년 동안이나 아이들을 데리고 산보를 갔던 공원 — 다람쥐 공원, 컬비 슬라이드 공원, 오리 공원들 — 을 통과해 흐른다는 사실을 알고 다시금 놀랐다.

어떻게 된 것인가? 나는 이 시냇물 근처에서 아이들을 길렀으면서도 그 사실을 몰랐다. 몇십 년 동안 이 시냇물 위의 다리를 운전하며 다녔는데 나는 도대체 어디에 있었는가? 어떻게 해서 이 시냇물은 내 눈에 보이지 않았단 말인가? 오늘 여기에서 새로운 부분을 발견할 때마다 그것이 같은 시냇물의 한 부분이라는 것을 알고 나는 소리 질렀다. 이것도 또? 이게 똑같은 시냇물이야? 그것은 마치 내가 마음속으로 내 삶을 다시 사는 것 같은 기분이었다. 마치 어떤 사람을 새로 만났는데 사실은 그가 계속 거기 있었다는 것을 알았을 때와 같은 놀라움이었다. 당신도 역시 거기에 있었어요? 거기에?

나는 이 시냇물의 구석구석을 사랑했다. 그것이 다 같은 시냇물이라는 사실을 모르는 채로. 이 물줄기는 흘러오는 동안에 상처 입었을 것이다. 내가 삶을 통해서 눈에 보이지 않는 상처를 입었던 것처럼.

몇 년 전에 우리 아들들이 이 시냇물 근처로 여름 캠프를 왔다. 둑을 살금살금 내려가서 죽은 체하는 쥐들을 살피고 바위를 어떻게 뛰어넘는가를 배우려고 왔던 것이다. 나도 내 세계가 뒤집어지는 듯한 이혼의 과정을 거치면서, 이 시냇가에 앉아 근처에서 놀고 있는 아이들을 바라보고 있었다. 이 끔찍한 변화에 아이들이 잘 적응하기를 기도했고 그들이 일생 동안 서로 우애 있게 살기를 기도했다. 그들이 언제나 집으로 돌아올 수 있다는 것을 알게 해 달라고 기도했다.

2001년 9월 11일 이후 이 시냇가는 우리 딸아이 학교 축구팀이 연습하는 장소가 되었다. 그 무시무시한 시기에 이곳은 연습하기에 안전한 곳이었고, 우리가 정상적인 생활로 돌아왔다는 느낌을 갖게 해 준 곳이기도 했다. 어린 소녀들이 공원을 가로 질러 뛰는 것을 보면서 F16이 우리 머리 위를 질주하는 동안에도 미소 지을 수 있었다.

우리 아이들의 학교는 이 시냇가 근처에 있었다. 우리 딸 초등학교에서는 매년 이곳으로 소풍을 왔다. 금년에는 나도 함께 왔다. 아니스의 열매에서는 검은 감초 냄새가 난다는 것을 발견했고 햇빛이 더 많이 비치는 시내 쪽의 나무가 무성하다는 사실도 발견했으며 커튼우드는 잘 자라지 못한다는 것도 알았다. 나는 사내아이들이 거미줄을 찔러 대는 것을 보았다. 거미줄에는 둥그런 위버 거미가 아이들이 찔러 대는 데도 꼼짝하지 않고 있었다. 우리는 공기 오염에 대해서 이야기했고 깡통과 플라스틱들을 주워 모았다.

그 시냇물에 대해서 많은 정보를 수집하면서, 나는 '크리크 레이디'로 알려진 한 여인이 이 시냇가로 아이들이 자연 환경 소풍을 올 수 있도록 만들었다는 사실을 알았다. 수도 당국에서 홍수를 막기 위해 이 시냇물 둑을 시멘트로 덮으려 하자 크리크 레이디는 그 일을 저지하기 위해 나섰다. 그녀는 학교 근처에 있는 이 시냇물의 자연 환경을 보존해서 아이들이 삶과 죽음에 대해서, 성장과 부패에 대해서, 자연과 가까이 하는 법을 배울 수 있도록 해야 한다고 주장했다. 그녀는 매년 유치원생부터 5학년까지의 학생들이 이곳에 와서 식물의 이름을 배우고, 해마다 어떻게 변화하는지 관찰하기를 바란다고 했다. 만약 어렸을 때 그런 변화를 알지 못하면 세상의 누가 알겠는가?

그녀는 어린이 집단을 조직해서 당국의 정책을 반대하도록 했고 그것은 성공했다. 수도 당국에서는 학교 근처의 시냇가에 서식하고 있는 생물들을 그대로 두기로 했다. 요즘 같은 세상에서는 드문 성공사례였다. 왜냐하면 어린이들이 시냇가에서 배울 수 있는 것들은 국가고시에는 나오지 않는 문제들이기 때문이다. 국가에서 시행하는 시험에는 이런 문제들이 출제되지 않는다. 예를 들면, 자연을 가까이에서 관찰하며 살고 있는가? 연방정부의 자금은 아이들이 새 종류의 차이점, 도마뱀의 서식처, 아니스 열매의 냄새를 아느냐 모르느냐로 결정되지 않는다. 아이들에게 예절과 도덕, 우리가 집이라고 부르는 지역사회에 대해서 가르치지 않는 것이 어떤 결과를 가져 올 것인가를 고려하지 않는다.

우리는 어떤가? 너무나 바빠서 자연과 가까이 지내지 못하는 것에 대한 대가를 어떻게 지불할 것인가? 사회 전체가 아이들과 가까이 지내지 않게 될 것이 아닌가? 교사나 의사들은 시간과 에너지가 없어서 아이들과 가까이 지내지 못하고 아이들의 말에 귀 기울이지 않으며, 관찰하지 못하고, 개인으로서의 그들을 알지 못하고 그들의 필요를 알지 못하는 상태가 되도록 이 사회가 이끌어가고 있는 것은 아닌가? 학교에서는 교실의 크기가 커짐에 따라 면담시간이 짧아지고, 학생들 하나하나를 다양하고 아름다운 세계의 일부라기보다는 기계처럼 다루고 있다. 편리하다는 이유로 시냇가를 시멘트 통로로 만들려고 하는 것이다.

나는 자연과 어떻게 가깝게 지내야 하는지를 알기 위해 시냇가로 왔다. 내 자신을 시금석으로 삼기 위해 여기에 왔다. 나는 자연과 접촉함으로써 더 충실히 살려고 왔다. 시냇물은 나의 꿈에 나타났고, 시냇가의 돌과 물과 나무와 생물들이 나를 편히 잠들게 한다.

나는 자연의 위대한 계획을 깨닫는다. 사라토가는 절대 큰 강으로 여겨지지 않을 것이다. 그러나 영혼soul과 내 몸이 어떤 곳에 대해서 잘 알고 있으면, 그곳이 다른 곳들과 깊은 연관이 있다는 사실을 이해하기 시작할 것이다. 그곳을 사랑하는 법을 배우게 되면, 다른 더 많은 곳도 사랑하게 된다. 비 내리는 숲, 산호 바위, 북극의 황량함, 우리 집 뒷마당 등도 더 깊이 사랑하게 된다.

이 시냇가를 걸으면서 나는 시냇가 형상이 변화하는 것을 본다. 지금 내 자신이 시냇물이다. 작은 폭포와 야생 동물과 함께 나도 냇물이 되는 것이다. 나는 지금 시멘트나 뼈처럼 건조하다. 그랬다가 다시 야생으로 돌아온다. 베리 숲과 느티나무들과 함께 새로운 삶으로 초대받는 소리를 듣는다. 내 삶을 통해서 보이지는 않지만 언제나 거기 있는 은총처럼.

오감五感 명상법

마음을 집중할 수 있는 가장 좋은 방법 중 하나는 마음이 머리를 떠나서 몸으로 갈 수 있도록 바꿔보는 것이다. 당신의 감각이 당신을 현재의 순간에 집중할 수 있도록 돕는다.

···› 하루 종일 당신의 감각에 집중하면서 지낸다.

···› 아이들과 함께 한다. 가능하면 밖에서 함께 시간을 보낸다.

···› '감각의 날' 이라는 사인을 만들어 붙인다. 예를 들면, 월요일은 후각에 집중한다.

···› 그날은 모든 냄새를 맡는 것에 집중한다. 아침 커피 냄새, 장미꽃 냄새, 식기 닦는 비누 냄새, 더러운 기저귀 냄새 등등.

···› 화요일에는 촉각에 집중한다. 자연이 어떻게 느껴지는가에 집중한다. 산들바람, 아기의 뺨, 얼음덩어리, 잔디밭을 맨발로 걸을 때의 느낌, 따뜻한 물 등등.

···› 다음 날은 시각에 집중한다. 그 다음에는 청각에, 그리고 다음에는 미각에.
　　이렇게 하면 당신 가족들은 오감을 활짝 열어 놓고 사는 한 주일이 된다.

···› 식사 중에 양념 병을 돌리거나, 손에 만질 수 있는 것들을 돌리면서 냄새와 맛을 본다.
　　식구들이 돌아가면서 눈을 감고 그것이 무슨 냄새이며 무슨 맛인가를 맞춰본다.
　　가족들이 모두 오감을 즐긴다.

모든 사물에 존재하는 영성

엄마가 되면 성스러움에 대한 생각이 바뀐다. 옛날의 기적으로 돌아갈 필요가 없다. 그냥 새로워진 눈으로 새로운 삶을 보기만 하면 된다. 성스러움이 교회에만 있는 것이 아니라 차 안에도 있음을 발견하게 된다. 어리석은 순간이나 침묵의 순간에도 성스러운 눈길이 지켜보고 있음을 알게 된다. 그리고 그 사랑이 몸과 정신에 항상 존재하고 있음도 알게 된다.

모성충만을 연습하면 평상시의 삶에서 성스러움을 느끼게 된다. 일상생활 속에 스며들어 있는 사랑과 은총의 순간을 예민하게 느낄 수 있도록 일깨워주는 '성스러움의 임재'를 만들어 내게 된다.

이 장에서 명상하고 생각하는 것이 가족의 영성을 키워 주고, 모든 사물에 깃들어 있는 영성을 깨닫게 해 줄 것이다. 마음을 열고 위대한 사랑과 은총을 받아들일 수 있기를 바란다.

바람은 어디서 불어오나요?

만약 우리가 일상의 삶에서 날카로운 시각과 촉각을 가지게 된다면,
우리는 잔디가 자라는 소리를 듣고 다람쥐의 심장 맥박을 들을 수 있으며,
침묵의 반대편에 있는 소음 속으로 들어가야 함을 알게 될 것이다.
그렇게 된다면, 우리 중에 가장 민첩한 사람이 어리석게도 종종 걸음을 걷게 될 것이다.

– 조지 엘리엇 『행진 중에 Middlemarch』

오래전 어느 날, 어린 딸과 엄마가 하이웨이를 달리고 있었다. 어린 딸은 창밖을 내다보고 있었고 엄마는 운전을 하면서 그날 해야 할 일들을 생각하고 있었다. 엄마는 딸이 뒤에서 하는 소리를 겨우 들을 수 있었다.

"엄마, 바람은 어디서 불어와?"

엄마는 뉴스를 들으려고 라디오 채널을 바꾸면서 딸의 질문에 대답했다. "아, 그건, 고기압 지대와 저기압 지대가 서로 부딪치게 되면 거기서 바람이 불어온단다."

엄마는 과학 시간에 배웠던 것을 기억해 딸에게 정확하게 대답할 수 있어서 기뻤다. 그런데 다음 순간 엄마는 딸이 조그마한 소리로 속삭이는 것을 들었다. "아, 그럼, 내가 잘

못 알고 있었구나."

　다행스럽게도 엄마는 딸의 작은 목소리를 들을 수 있었다. 엄마는 라디오를 끄고 백 미러로 딸을 바라보았다.

　"왜? 너는 바람이 어디서 불어온다고 생각하는데?" 엄마가 물었다.

　어린 딸은 다시 창밖을 내다보면서 잠시 생각했다 "나는…" 깊이 집중하면서 딸이 말했다. "나는 나뭇잎이 달에 닿으려고 애쓰다가 바다에 떨어질 때 바람이 부는 것 같아. 그러면 달이 부르르 떨고, 그때 달 뒤에 있던 별들이 떨어질 때 또 바람이 불어." 딸아이는 덧붙였다.

　"그리고 한 번 바람이 나무를 흔들면 가지들은 바람이 계속 불게 움직이는 거야."

　차가 신호등에서 멈추었다. 엄마는 딸의 눈을 보려고 몸을 돌렸다.

　"얘야, 네가 잘못 알고 있는 게 아니야"라고 말하면서, 엄마는 자신에게 딸의 이야기를 이해하지 못하는 벽이 있었다는 것을 깨달았다. 딸은 창조적이고 성스러운 세계에 살고 있었던 것이다. 딸은 자기를 둘러싸고 있는 모든 것에 스며있는 성스러움을 볼 수 있는 눈과 들을 수 있는 귀를 가지고 있었던 것이다. 엄마의 기도는 아이들이 이런 은총 속에서 살 수 있기를 기원하는 것이다.

성스러운 세계를 보는 명상법

당신의 아이와 말없이 조용히 동네나 공원을 산책한다.

⋯▸ 앉을 자리를 찾아 앉아서 그냥 조용히 자연의 소리를 듣는다.

⋯▸ 오감이 살아나도록 한다.

　무엇이 보이는가? 무엇을 듣는가? 무슨 냄새를 맡는가?

　신의 은총 속에서 또는 당신의 주위에서 성스러움을 인식하는가?

⋯▸ 때때로 성경구절이나 시를 들고 온다. 이런 것들을 야외에서 읽게 되면 새로운 통찰력을 얻을
　수 있다. 이런 통찰력은 영성과 평상시의 우리 마음의 차이를 없애 줄 수 있다.

바닷가재 꼬리

테이블에 앉아서 옛날 이야기를 하는 것은 단순히 시간을 보내는 것이 아니다.
그것은 지혜를 이어받는 시간이다.

– 레이첼 나오미 레멘 『식탁의 지혜 Kitchen Table Wisdom』

테이블에 둘러앉아서 우리는 다시 이야기를 시작한다. 메인 주 태생인 폴은 스터프드 바닷가재 꼬리 요리를 기가 막히게 잘한다. 언젠가 그는 절친한 친구 스티브의 생일잔치를 위해서 자신의 특별 요리를 준비했다. 폴은 살아있는 바닷가재를 사다가 깨끗이 씻어 준비하여 오븐에 넣었다. 그리고 손님들에게 대접했다. 이 우아한 식사 도중에 나는 뭔가가 타는 냄새를 맡고 다른 사람들에게 무슨 냄새가 난다고 말했다. 그들도 다 이 냄새를 맡았다.

우리는 모두 일어나서 냄새가 어디에서 나는지를 살폈다. 벽난로를 살폈고 벽난로의 벽이 뜨거운지를 만져 보았다. 오븐과 스토브도 살폈으나 아무 이상이 없었다. 우리는

2층으로 올라갔다. 세탁기, 차고, 뒷뜰도 보았다. 여전히 우리는 그 냄새의 근원을 알 수가 없었다.

만약의 경우를 생각해서 나는 소방서에 화재 신고 전화를 했다.

"여보세요. 응급한 상황은 아닌데요. 고무 타는 냄새가 나는데 어디서 나는지를 알 수가 없어요. 누군가 잠시 와서 봐 줄 수 있을까요?"

교환원이 물었다. "집안에 몇 사람이 있나요?"

"여덟이요." 내가 말했다.

"모두 앞방에 모이게 하세요."

"알았어요. 그렇지만 그렇게 하지 않아도 좋을 것 같은데…" 내가 말했다.

5분 후에 사이렌 소리가 들렸다. 많은 사람들이 세 대의 소방 트럭을 타고, 갈고리와 사다리를 가지고 와서 우리 집 앞에 매달았다. 소방관들이 현관으로 와서 천천히 살펴보기 시작했다. 다섯 사람은 몸집이 상당히 컸다(내 친구 팻은 그들이 꽤 매력적이라는 내 말에 동의했다). 노란색과 검은색으로 완전 무장을 한 그들이 방으로 들어와서 냄새를 맡으면서 말했다. "그래요. 고무 타는 냄새가 나는데요."

그들이 조사하고 있는 동안 우리는 테이블로 돌아왔다. 소방관 한 명이 2층 우리 아들의 방을 좀 볼 수 있냐고 했다. 그 상냥한 소방관이 내려 와서 웃으면서, "어쩌면 그 방안에서 화재가 날 수도 있겠는데요. 그러나 아무도 모르지요!" 라고 말했다.

20분 동안이나 더 조사를 했지만 아무것도 발견하지 못했다. 그때쯤에는 냄새도 없어지기 시작했다. 소방관은 우리 버너가 문제일지도 모른다며 "미리 버너를 바꾸는 것이 좋을 것 같습니다"라고 말했다. 그래서 그 다음 주에 우리는 새 버너로 바꾸었다. 그 새 버너는 1,800달러나 했다.

일 년이 지나 갔다. 이번에는 친구 바버라의 75번째 생일이었다. 폴은 식사로— 무언지 다들 짐작하겠지만—스터프드 바닷가재 꼬리 요리를 하기로 했다. 그는 바닷가재를 준비해서 오븐 속에 넣고 그것이 요리되는 동안 우리는 테이블에 앉았다. 갑자기 나는 무슨 냄새를 맡기 시작했다. 고무 타는 냄새!

나는 눈을 크게 뜨고 폴을 쳐다보면서 일종의 착각을 하고 있나 당황했다. 마치 내가 영화 '사랑의 블랙홀Groundhog Day'에 있는 것이 아닌가 의아해 했다. 나는 오븐으로 가서 오븐을 열었다. 바닷가재가 움직이지 못하도록 바닷가재 발에 묶어 놓은 굵은 고무줄이 타고 있었다. 폴은 그 고무줄을 벗기는 것을 잊어버렸던 것이다. 고무 타는 냄새의 근원을 이제야 찾아냈다.

갑자기 스티브를 위한 바닷가재 디너와 사이렌 소리, 소방관들의 모습이 내 머리를 스치고 지나갔다. 그리고 1,800달러나 지불하고 새로 구입한 버너가 아무 쓸모도 없음을 깨달았다. 분명하게 그때도 폴은 고무줄을 벗겨내는 걸 잊어버렸던 것이다. 그러나 그때 우리는 바닷가재를 오븐에서 꺼내고 나서 한참 후에야 그 타는 냄새를 맡았던 것이다. 우리는 바닷가재를 먹을 때마다 그 이야기를 한다. 손님들은 웃고 우리 아이들은 그 자세한 이야기에 장단을 맞추곤 한다. 이 이야기는 대단하거나 심오한 것은 아니다. 우리가 이 이야기를 하는 것은 거기에 중요한 삶의 교훈이나 거창한 도덕이 있기 때문이 아니라 우리 가족에게서 일어났던 많은 사건을 묘사한 것들 중 하나이므로 늘 즐겁게 이야기한다. "들어 봐, 이 이야기를. 이것이 우리 집안에서 사랑이 생겨나는 방법이야."

이야기들이 가족들을 함께 엮어간다. 태어날 때의 이야기, 우스운 이야기, 살고 죽는 이야기, 조 아저씨 이야기, 성스러운 이야기 등등. 우리는 거듭 반복해서 이야기하며 대대로 그 이야기를 전한다. 좋은 때이거나, 어려운 때이거나, 이것이 우리 가족이 함께 하는 방법이다. 이것이 우리 집 전통이다. 이것이 우리가 살고 웃고 사랑하는 방법이다.

이야기하는 시간

···▶ 가족 한 사람 한 사람이 모두 앨범에서 자기가 제일 좋아하는 사진을 선택한다. 다른 가족들과 나누고 싶은 이야깃거리가 있는 사진을 선택한다.

···▶ 식구들이 이야기하는 시간을 마련한다. 각자가 자기의 이야기를 하게 한다. "옛날 옛적에…" 하는 식으로 이야기한다.

···▶ 이야기를 아름답게 꾸미도록 격려한다.

···▶ 각자가 나름대로 자기 이야기를 하고 난 후에는 다른 가족이 거기에 장단을 맞춘다.

···▶ 가족들 각자가 어떻게 서로 엮여 있는가 잘 듣는다. 그리고 집안에 어떻게 사랑이 싹트는가 잘 듣는다.

하루를 계획하기

나는 훌륭한 습관을 가졌다. 밤에 기도하면서 나는 모든 사람과 접촉한다.
나는 그날 보았다. 나의 마음을 그들의 마음과 같이 하고
그들의 마음을 내 마음과 같이 하는 것을.

– 성 아빌라 테레사 "하느님으로부터의 사랑의 시"

우리는 너무 바빠서 며칠 동안 마지막 아이가 잠들 때까지도 자지 않고 일할 때가 있다. 이런 식으로 계속해서 살아간다면 우리 삶은 마치 발을 떼어 놓을 수 없는 트레드밀에 올라 탄 것 같을 것이고, 여러 가지 특수한 순간의 은총을 의식하지 못하게 될 것이다.

몇 년 전에, 지금은 미국에 살고 있는 티베트 승려가 라디오에서 인터뷰 하는 것을 들었다. 그는 티베트에서는 아침에 일어나는 순간부터 잠자리에 드는 순간까지 영성에 따라 모든 것이 얼마나 완벽하게 조직되어 있는가에 대해서 이야기했다. 이런 구조화된 연습은 사람들에게 영성적인 면을 더 많이 의식하게 해 주는데, 여기 미국에서는 모든 것이 많이 다르다고 했다. "모든 것이 상업적으로 짜여져 있는 사회에서 사는 일은 대단히 힘듭니다."

승려는 부드럽게 말했다. 그는 아주 현명한 승려였다.

모성충만을 잘 발달시키는 방법으로 우리 삶에서의 영성 인식 능력을 기르기 위해 매일 감사하는 마음으로 살 수 있다. 아침 예배 또는 예배에 대한 생각으로 하루를 시작하고 저녁 기도 또는 감사의 명상으로 하루를 마칠 수 있다.

아침 예배

아침에 일어나면, 몸이 완전히 잠에서 깨어나기도 전에 우리 몸은 달리기 시작한다. 오늘 해야 할 일들과 대화를 연습하면서 불안감이나 걱정으로 바쁘다.

잠자다가 깨어날 때 그 짧은 순간을 상상할 수 있는가? 그 짧은 한 순간에 잠시 그대로 머물 수 있는가? 매일 아침 일어날 때, 1~2분 기다렸다가 하루의 계획을 짜보라. 새 날을 시작하기 전에 아무것도 생각하지 않는 짧은 순간을 가져 보라. 바쁜 마음이 하루를 다 차지하기 전에 심호흡을 하라. 하루를 환영하라. 당신의 몸에 대해서 인식하라. 몸속으로 정신을 집중하라. 웃어라. 새로운 날의 문이 열린다.

기도하면서 아침을 환영하라. 그 하루를 하느님께 바쳐라. 이 의식을 마음에 새겨라. 하루가 시작되면서 따라 오는 선물을 의식할 수 있게 해 달라고 기도하라.

그렇게 반복하면 이 예배와 정적의 순간을 갈망하게 될 것이다. 침대에서 일어날 때 이 연습을 기억하기 위해 천장이나 옷장에 표시를 하면, 아침에 눈 뜨기 전에 잠시 멈추고 기도 할 수 있다.

아침 예배를 매일 아침 정기적인 행사로 만들 수 있다. 커피를 끓이면서, 샤워를 하면서, 아이들에게 키스하고 학교로 보내면서, 또는 직장에 가려고 현관을 나설 때에도 할 수 있다. 영성 훈련 연습을 매일 생활 습관처럼 하면 이런 모든 것들을 하기가 쉬워질 것이다.

저녁 기도

취침 시간 — 빛에서 어둠으로 바뀌는 시간— 은 자연스럽게 기도할 수 있는 시간이다. 그것은 의식의 시간이고 이야기하는 시간이며 키스하고 기도하는 시간이다. 어둠 속에서도 보호 속에 있을 것임을 일깨워주는 시간이다.

하루의 끝에, 아이들과 함께 기도를 하거나 침대 안에서 하루를 돌아보는 시간을 가지라. 아침에 드렸던 기도를 기억하라. 하루는 지났고 지금 이 자리에 있다. 저녁이 왔다. 오늘 하루가 스트레스와 도전 속에서도 사랑 안에서 지나갔음을 인식하라.

오늘 미소 짓거나 웃었던 순간을 생각하라. 감사하는 한두 가지 일을 말해 보라. 어디서 오늘의 영성을 느꼈는가? 어디서 감격했는가? 하루 중에 언제 관심을 집중했는가? 아주 사소한 일이라 하더라도 몸을 편안히 가지라는 메시지를 보냈을 것이다. 오늘 하루의 선물에 감사하라.

촛불을 켜고, 가벼운 음악을 들으면서, 일기를 쓰면서, 저녁 산보를 하면서, 밤하늘을 쳐다보면서 하루를 마감하고 밤을 환영하라.

■ 하루를 계획하기 연습

하루의 계획과 감사로 당신의 날을 준비한다.

···▶ 아침 예배나 기도로 하루를 시작한다. 정기적으로 할 수 있는 연습을 선택한다.

···▶ 저녁 기도 또는 감사의 명상으로 하루를 끝낸다.

가족의 영성을 길러주기

영성은 모든 생명이 출발하는 성스러운 중심이다. 월요일과 화요일 그리고 비가 오는
토요일 모든 세속적이고 영광스러운 섬세함이 들어있는 오후…
영성은 평범한 삶에서 찾을 수 있는 영혼의 삶이다.

－ 크리스티나 볼드윈 『인생의 동반자 Life's Companion』

그 순간은 심각했다. 대가족이 추수감사절 식탁에 모여 앉았다. 감사 기도를 드릴 준비가
되어 있었다. 모든 사람이 각자가 감사드려야 할 일을 한 가지씩 말해야 했다. 식구들 모두
가 차례로 돌아가며 이야기하다가 다섯 살 된 에밀리 차례가 되었다. 에밀리는 당황해서
냅킨을 머리에 얹어 놓고 아무 말 없이 앉아 있었다.

　아무도 움직이지 않았다. 서로 곁눈질로 엄마 아빠의 기색을 살피면서 그들이 어떤 반응
을 보일지 관찰했다. 엄마의 얼굴이 굳어졌다. 엄마는 에밀리에게 뭐라고 할 참이었다. 그
때 할머니가 전혀 기대하지 않았던 행동을 했다. 할머니는 냅킨을 머리에 올려놓았다.

　식구들이 킬킬거리기 시작했다. 사촌들이 자기들 머리 위에 냅킨을 얹어 놓았고 곧 이어

제인 아주머니와 할아버지도 그렇게 했다. 오래지 않아 추수감사절 식탁에 둘러앉은 온 가족이 머리에 냅킨을 얹어 놓았다.

이 일은 25년 전에 일어난 일이다. 그 일이 있은 이후로 매년 추수감사절 때마다 식사 기도를 시작하기 전에 누가 먼저 냅킨을 머리에 얹을 것인지 눈 여겨 보게 되었다. 할머니가 돌아가셨기 때문에 금년에는 처음으로 에밀리의 딸이 그 자리에 앉게 되었다. 몇 년 동안 식구들에게 많은 변화가 있었지만 변함없이 남아 있는 것은 이런 간단한 의식을 통해서 가족이 한 덩어리가 되는 웃음과 사랑이었다.

우리가 함께 기념하는 순간에—가족 식사부터 잠 잘 때까지 또는 명절 보내기 등에서—우리는 가족들의 유대를 튼튼히 한다. 우리는 기억될 만한 일을 만들어 내고 아이들에게는 안전의 느낌을 갖게 해 준다. 우리의 영성을 아이들과 함께 나누면서 소속감은 깊어진다.

지난 세기 동안 이러한 의식은 종교나 지역사회를 통해 지금보다는 훨씬 자동적으로 거행되었다. 그러나 현대의 가족들은 친척들과 자주 만날 수 없고, 어린 시절 신앙 전통을 연결시키지 못하고 있다. 이제 새로운 전통과 의식을 세워야 할 때가 왔는지도 모른다. 엄마들은 원초적인 의식의 제조자이다. 그 의식은 너무나 중요하기 때문에 '영성 안에 머물기 행사'를 만들어 내야 한다. 그렇지 않으면 바쁜 생활에 시달릴 수밖에 없다.

촛불을 켜고 노래를 부르면서 식사 전에 기도를 드리자. 천천히 우리들의 삶 속에 연결되어 있는 신비스러움과 기적을 기념하자.

■ 영성 안에 머물기

테리 템페스트 윌리엄스는 이렇게 말했다.

인간으로서 우리가 필요로 하는 것은 정말로 단순하다. 사랑하고 사랑받는 것, 연결과 자비로움의 느낌을 갖는 것, 배려 받고 싶다는 욕망, 건강, 가족, 집, 호흡을 나눌 수 있는 댄스, 그것은 우리 자신보다 더 큰 무엇으로부터 오는 것이다.

—데릭 젠센 '대지에 귀 기울이면서' 에서

우리 가족의 영성을 키우기 위해서 무슨 의식을 거행하는가?

이런 의식을 시작하려면 당신이 어렸을 때 의미 있게 생각했던 전통과 의식을 생각해 보는 것이다. 지금 당신의 가족을 위해 그런 의식들을 계속하거나 응용해 보면 어떨까?

⋯ 아이들이나 남편에게 좋아하는 전통이나 의식에 대해서 물어본다.
⋯ 가족이 함께 할 수 있는 하나의 의식을 매일 규칙화 한다(식사, 취침 기도, 작별할 때 포옹하는 것). 그리고 일주일에 한 번씩 하는 의식(가족끼리 지내는 저녁, 예배, 할아버지 할머니 댁에서의 식사)도 규칙화 한다.
⋯ 가족으로서 명절이나 중요한 이정표, 통과의례(성인식, 결혼식 따위)를 축하한다.

은총恩寵

나는 은총의 신비스러움을 모두 이해하지 못한다—다만 은총은 우리가
그냥 가만히 앉아서 은총을 기다리게 하지는 않는다는 것을
알고 있을 뿐이다.

— 앤느 라모트 『여행하는 자비慈悲Traveling Mercies』

자, 이제 은총恩寵에 대해서 생각해 보자.

은총은 당신이 아기를 집으로 데려왔는데 기저귀를 어떻게 갈아야 할지 모르고, 당신이 정말로 엄마라는 생각이 들지 않을 때 당신과 함께 있다. 당신이 자신을 부족하다고 느끼고 있을 때 당신을 지지해 주고, 붙잡아 주는 것이 은총이다.

은총은 당신이 어찌할 바를 모르고 세상에서 제일 나쁜 엄마라고 느낄 때, 그리고 엄마 역할이 생각했던 것보다 훨씬 더 힘들다고 느낄 때 당신과 함께 있다. 은총은 부드럽게 당신을 위로하고 당신이 계속 앞으로 나아갈 수 있도록 한다.

은총은 당신이 잠들지 못하고 뒤척이느라 지쳐있고 아기가 보채는 밤중에 당신의 유일한 동반자이다. 은총은 아침에 깼을 때, 10대 아이들이 집에 돌아오지 않아 안달하고 있을 때 당신을 미치지 않게 지켜 준다.

은총은 웃음 속에서 온다. 은총은 숨어 있다가 튀어 나온다. 아장아장 걷는 아이에게 소리 지르고 나자 그 아이가 아주 우스운 말을 해서 당신이 웃지 않을 수 없을 때, 엉킨 매듭 안에서 편안하게 모든 일들을 잘 처리할 수 있을 것이라고 깨닫게 해 준다. 은총은 당신 자신과 당신 가족들의 용서 속에 있다.

은총은 당신이 슬퍼할 때, 두려워하고 있던 진단을 아이가 받았을 때, 상상할 수도 없는 상실 때문에 괴로워하고 있을 때 당신을 지켜주고 붙들어 준다. 당신이 이혼을 하고 암흑 속에서 울고 있을 때, 밤마다 재워주던 아이들이 모두 떠나갔을 때 은총은 당신 곁에 있다.

당신이 마음을 집중하지 못하거나 자비로운 마음을 품고 있지 않을 때에도, 진정으로 존재하지 않고 용서하지 않을 때에도 은총은 거기에 있다. 은총은 참을성 있게 당신이 그 속으로 들어가기를 기다려 준다. 은총은 친구들의 지지 속에서 온다. 은총은 그들의 웃음에서, '이해하고 있어. 그래, 이해해. 그게 어렵다는 걸 이해해!' 라고 고개를 끄덕일 때 온다.

당신이 하루에 해내고 있는 수만 가지의 일을 아무도 알아주지 않는다고 해서 크게 실망하고 있을 때 은총은 당신을 지켜본다.

은총은 눈에 보이지 않게 당신 삶 속에 있다. 성숙해 가는 아이들의 모습을 뒤돌아보면서, 그들의 재빠른 반응과 엄마를 생각하는 말 속에서, 그들의 포옹 속에서 비로소 당신은 은총을 느끼지만 은총은 언제나 당신 삶 속에 굽이치고 있다.

은총은 당신이 베풀 수 있는 위대한 엄마의 사랑 속에, 당신이 있기 전에 있었고, 당신이 없어진 후에도 있을 그런 엄마의 사랑 속에 나타난다. 당신이 팔 벌려 아이들을 안고 내려놓을 때, 그들을 세상으로 내보낼 때 은총은 당신과 함께 있다. 당신이 귀 기울여 듣는다면 당신이 이런 영혼들을 키우는 엄마의 역할을 잘 해내고 있다고 은총이 당신에게 하는 말을 들을 수 있을 것이다.

감사하다는 말과 은총은 같은 라틴어 '그라투스gratus'에서 나왔다. 뜻은 '기쁘게 하는 것.' 감사하다고 느낄 때 은총이 함께 한다는 느낌을 갖게 될 것이다. 밤마다 감사하는 연습을 습관화한다면 당신의 바쁜 일과를 돌아볼 수 있는 훌륭한 방법이 될 것이다.

⋯⋯▶ 밤에 침대에 누울 때 하루를 되돌아본다.

무엇에 감사할 것인가? 감사한 일을 세어 보는 것은 잠드는 데 좋은 방법이다.

⋯⋯▶ 또한 '오늘 내가 미처 깨닫지 못한 일들'에 대해서 생각한다.

당신이 미처 깨닫지 못한 것을 생각해 보면 은총이 당신의 삶을 움직이고 있다는 사실을 더 분명하게 알게 될 것이다.

한 집안

그 노래의 중간에 어떤 순간이 왔다. 방 안의 모든 심장 맥박을 느끼고
그것을 그 이후에 절대로 잊어버리지 않은 그가,
훨씬 더 위대한 무엇의 한 부분이라는 사실을 깨달은 순간이었다.

— 브라이언 안드레아스 『신뢰하는 영혼Trusting Soul』

나는 내가 맏아들 벤자민을 낳은 바로 그날부터 벤자민이 집을 떠나는 날이 가까이 오고
있음을 알고 있었다.

18년 동안 나는 그를 안아 주고 포옹해 주고, 소리를 질렀고, 걱정했고, 사랑했다. 그 모
든 일을 거치면서 시간은 앞으로 흘러서 오늘까지 왔다. 그는 대학에 가야 하기 때문에
곧 집을 떠날 것이다. 방학 때 돌아온다고 하더라도 그건 전과는 아주 다를 것이다.

나는 이런 일이 당연한 것이라고 생각한다. 그러나 그런 일이 바로 눈앞에 닥치자 아들
과의 관계가 영원히 변할 것임을 받아들여야 하는 슬픔에 젖었다. 그것은 부모 역할이 변
해야 하는 계기를 만들어 준다. 아이를 세상에 내놓는 것은 전에 해오던 것보다는 훨씬

더 멀리 떠나보내야 한다는 의미이다.

나는 이것을 굉장한 변화라고 느꼈기 때문에 가족들과 친구들과 함께 어떤 의식을 하고 싶었다. 나는 벤을 축복 속에서 보내고 싶었고, 그것이 그를 떠나보내는 나의 마음을 위로해 줄 것이라고 믿었다.

벤과 나는 이 의식을 어떻게 할 것인가에 대해서 이야기했다. 나는 미국의 민속 전통인 떠나보내기Giveaway 의식을 제안했다. 결혼할 때, 아기가 태어났을 때, 졸업할 때, 당사자들은 선물을 받지 않고 오히려 다른 사람에게 선물을 주는 것이다. 자기를 지지해 준 사람들에게, 중요하게 생각되는 사람들에게, 성공하기까지 지켜준 사람들에게 감사를 표하기 위해 선물을 주는 것이다. 그것은 한 집안에게 감사하고 있음을 표현하는 의식이기도 하다.

벤은 내 생각에 동의하고 의식을 준비했다. 집안 식구들을 합해 25명의 손님들이 우리 거실에 빽빽이 들어섰다. 나는 바브라 스트라이샌드의 노래 '내가 만약 할 수 있다면'을 틀어 놓았다. 그 노래는 아들에게 바치는 노래인데 엄마가 아들을 위해 할 수 있는 모든 것을 하고 싶다는 마음을 노래한 것이다. 세상을 바꾸고, 자기가 배우지 못했던 모든 것을 아들에게 가르치고, 고통에서 아들을 보호하고 싶다는 노래. 궁극적으로 이 노래는 아이가 자라는 것을 지켜보면서 아이를 세상에 내보내는 엄마의 마음을 그린 것이다.

노래를 들으면서 내가 준비해 놓은 슬라이드를 함께 보았다. 갓난아기 벤이 크리스마스 스타킹에 싸여서 집으로 돌아올 때, 스파게티를 엎어서 얼굴에 뒤집어썼을 때, 새로 태어난 동생 데이비드를 안아 줄 때, 2년 후 또 다른 동생 맷을 안아 줄 때, 원숭이 막대기에 올라탔을 때, 축구를 할 때, 초등학교, 중학교, 고등학교 졸업장을 들고 있을 때의 모습들. 이 모든 것들은 오늘의 우리 가족이 함께 걸어온 궤도의 순간적인 흔적들이었다.

우리들의 눈에 눈물이 고이기 시작했을 때 벤은 우리들 모두에게 선물을 드리고 싶다고 말했다. 그는 그동안 자신이 여러 사람으로부터 받은 선물을 각각의 종이에 따로 적어서 그것을 읽었다. 폴은 그에게 유머 감각을 주었다. 스티크는 열정을, 바브라는 영감을 주었다고 했다. 그는 방에 모여 있는 모든 사람들에게 차례로 그가 받은 선물에 대해 이야기했고 그들이 자기에게 얼마나 큰 영향을 주었는지를 설명했다. 그가 나에게 준 종이에는 "엄마, 나를 있는 그대로의 나로 인정해 주셔서 고마워요"라고 적혀 있었다.

몇 주 안에 벤은 떠날 것이다. 그러나 그는 자신의 세계인 이 집에서 절대로 멀리 떠나갈 수 없다는 것을 알고 있을 것이다. 그는 언제나 이 작은 공동체를 갖고 있을 것이다. 그를 사랑하고 배려하는 사람들이 있는 곳을. 그가 얼마나 멀리 가든지 그 공동체는 항상 함께 할 것이다. 세 살밖에 안 된 줄리아나까지도 이 사실을 알았다. 우리가 축복의 의식을 마쳤을 때, 줄리아나는 내 소매를 붙잡고 놀라움으로 가득 찬 눈을 크게 뜨고 주위를 둘러보면서 "엄마, 식구들이 모두 여기 있네!"라고 속삭였다.

■■ 떠나보내기 연습

당신의 삶에서 당신을 지지해 준 사람들을 당신과 당신 가족이 함께 축하해 줄 기회가 있었는가?
중요한 생일? 졸업? 세례?

····▶ 당신을 지지해 주는 사람들의 목록을 작성한다.
····▶ 평상시에 늘 '당신의 사람들' 에게 감사하는 대화를 한다.
····▶ 그들이 당신에게 얼마나 큰 의미를 주는가를 그들이 알도록 한다.

공동체 共同体

엄마는 아이들이 건강하고 행복해 할 때 기분이 더 좋다. 엄마가 피곤에 지치고 스트레스를 받을 때 가족들은 부정적인 영향을 받게 된다. 관계는 모든 것의 핵심이다. 엄마는 모든 가족과 연결되어 있다.

짐바브웨의 소나Shona 사람들은 이런 연결을 인사를 통해 인식한다. "안녕하세요. 어떻게 지내세요?"라고 한 사람이 인사하면, 다른 사람은 "나는 좋아요, 당신도 좋다면"이라고 대답한다. 처음 사람이 다시 "나도 좋아요, 그러니 우리는 다 좋군요"라고 말한다.

크게 보면 우리도 그렇게 한다. 우리는 서로 연결된 세계에서 살고 있다. 이 마지막 장에서는 공동체의 힘에 초점을 맞출 것이다. 작은 집단에서, 신앙 집단에서, 사회복지적인 정책 차원에서, 세계적인 공동체에서, 또는 광범위한 창조물의 집단에서 어떤 지원을 받든지 간에 그 공동체의 위력에 초점을 맞출 것이다. 모성충만을 연습하면서, 우리는 아이들이 꽉 막혀있는 세상에 살고 있지 않다는 것을 인식하게 될 것이다. 아이들의 미래는 다른 사람들과 이 지구와 연결되어 있다. 엄마 역할은 소매를 걷어 올리는 것에서부터 아이들이 성장할 수 있는 세계를 위해 일하는 것까지를 포함하는 것이다.

이 땅을 위해서 더 넓은 범위의 가족을 위해 서로 배려할 수 있기를 바란다.

성스러운 공동체

나는 내 여자 친구들의 도움과 위안, 부족하기만 한 내가 누구인지를
있는 그대로 받아주고 그 부족함 때문에 오히려 나를 사랑하는
많은 친구들이 없었다면 어떻게 세상을 살아갈 수 있었을까 알지 못한다.

– 앤나 퀸들린 '나의 가장 친한 친구들 중에는 여자 친구들이 많다' 휴스턴 크로니클, 1997년 3월 2일.

계절은 감사를 드리는 달인 11월 초. 캘리포니아에서도 나뭇잎은 붉고 황금빛으로 변했다. 나는 가랑비를 맞으며 새로 조직된 엄마 집단을 만나기 위해 골든 게이트 브리지를 건너가고 있다. 이들은 자기네를 '성스러운 엄마들' 이라 부르면서 아기를 안고 서로를 지지해 주기 위해 마음을 열고 이곳에 모이는 것이다.

　내가 방안에 들어서자, 아기들과 젖병과 담요들이 보였다. 한 엄마는 지금 막 이가 나기 시작하는 아기가 젖꼭지를 무는 바람에 "아야!" 하고 소리를 질렀다. 다른 엄마는 아직 제대로 앉지도 못하는 아들이 막 넘어져서 머리를 찧고 우는 것을 달래고 있었다. 다른 두 엄마는 이유식 레시피를 서로 교환하고 있었다.

이 집단은 자신의 흥미와 열정을 지키면서, (가장 중요한 것) 어떻게 제정신을 잃지 않고 정성껏 가정생활을 이끌어 갈 수 있는가에 대한 몇 가지 연습을 함께 해 보기 위해 나를 초대했다. "그게 다예요? 얼마 동안 할 건가요?" 내가 물었다.

우리는 몇 분간의 명상을 하면서 시작했다. 그동안에 아기들은 가만히 있지 않았다. 내가 다시 물었다. "아기가 우리에게 무얼 가르치고 있나요?" 그들의 대답은 빨리 나왔다.

"나는 내가 누군가를 이렇게 사랑할 수 있으리라고는 상상도 못했어요."
"나는 이제 나만 생각할 수 없다는 걸 깨달아가고 있어요."
"나는 참을성을 배우고 있어요."
"참을성."
"침을성!"

우리는 거의 한 시간가량 이야기했다. 그 이야기들이 오래전에 있었던 많은 기억들을 불러냈다. 나는 아기를 낳을 때마다 이런 여성 클럽에 참여했다. 그때는 정말 소박하고 상처받기 쉬운 시간이었다. 그리고 다른 여성으로부터 충고와 위로와 미소를 받아들이는 것이 내게는 큰 위로와 도움이 되었다. 되돌아보면 그때 내가 그렇게 참아내려고 애쓰고 있었던 모든 일들이 정말로 그렇게 큰 문제가 아니었음을 깨닫게 되었다. 다른 아기들에 비해 우리 아기는 얼마나 빨리 앉게 될 것이며, 이유식은 처음에 무엇을 먹여야 하며,

마루에 떨어뜨렸던 젖꼭지를 소독해야 할 것인가 말아야 할 것인가 등등이 그때는 그렇게 중요하게 여겨졌다. 나 역시 엄마가 되어 겪는 이 모든 걱정들을 경험했으나 이런 지지그룹에서 받았던 이익은 잊어버렸다.

어떤 문화권에서는 새로 태어난 아기와 산모를 격리시켜서 잘 보살펴주고 젖을 어떻게 먹이는가를 가르쳐준다고 한다. 산모를 보살피는 여자들은 새로 태어난 아기는 그 동네의 큰 선물이므로 어떻게 젖을 먹이고, 보살피며, 소중히 여기는가를 산모에게 가르친다고 하니 우리와는 얼마나 다른 지지의 방법인가!

작은 지지그룹을 만드는 것도 중요하지만 하나의 사회 공동체에서 엄마와 가족을 어떻게 지지할지에 대한 방법을 서로 찾는 것이 아주 중요하다. 그런데 오늘날의 많은 엄마들은 서로 분리되어 있고 그 결과로 모든 엄마들이 고통을 받고 있다. 우리 공동체의 건강과 복지는 아이들을 잘 기르고, 가정을 떠나 일하는 부모에게 돈을 지불하고, 근무시간을 여유 있게 조절하고, 일당을 늘리고, 우수하고 바람직한 보모를 양성하며 모든 어린이의 건강을 증진하는 데 있다. 아이를 키우는 데에 온힘을 다하여 성스러운 공동체를 형성하고 다음 세대를 위해 집중적인 배려를 해야 한다.

성스러운 엄마 공동체를 떠나 다리를 건너 집으로 오면서, 나는 맑게 갠 하늘을 보았다. 내 밑에 있는 만灣을 바라보면서 나는 내 아이들을 생각했다. 세 아이는 이미 다 자랐다. 그들의 엄마로서 내 자신이 얼마나 변했는가를 깨달았다. 나는 새내기 엄마가 된 여성들을 위해 기도했다. 나의 마음은 성스러운 생명의 공동체에 대한 감사로 가득했다.

성스러운 공동체 연습

당신은 당신을 지지해 주고 함께 의논할 친구 동아리에 속해 있는가? 영성을 핵심으로 하는 공동체가 있는가? 없다면 당신이 친구 몇 명과 모여서 그런 공동체를 한 번 만들어 봐도 좋을 것이다. 많은 단체들이 엄마와 아이들을 지지하는 일에 적극적으로 관계하면서 가족-친밀의 사회적 정책을 향해 더욱 노력하고 있다. 성스러운 가정 동아리를 증가시키기 위해서 이런 단체에 참여하도록 한다.

우리 속의 많은 엄마들

시골 마을에서 자란다는 것은 지역사회의 일원으로 자란다는 의미이다.
내가 어떤 특별한 사람의 자궁에서 태어났다는 사실과
마을의 모든 여인들이 나를 돌봐주는 것은 아니라는 사실을 이해한 것은
내가 여섯 살이 되어서였다.

– 소본푸 소메 www.Sobonfu.com

우리 속에는 많은 엄마들이 있다. 우리를 돌보면서 우리가 하나의 인격체로 자랄 수 있도록 도와준 많은 사람들. 그들의 친절한 행동, 자발적으로 도와주려는 마음, 언제나 우리를 위해서 존재하는 사람들, 우리의 진짜 엄마가 도와줄 수 없는 일들을 지지해 주는 사람들, 이들은 모두 우리에게 엄마 역할을 해 준 사람들, 즉 우리 속의 많은 엄마들이다.

내가 가진 많은 엄마들 중 한 분은 샌드라라는 여인이다. 자신의 아이는 없으나 그녀의 포용력과 마음 씀씀이, 그녀의 눈에서 나오는 사랑, 유머, 강건한 정신력, 어려움과 고통에 대항하는 용기, 자신의 꿈을 이루어 가면서 다른 사람의 꿈도 이루어지도록 격려하는 모습에서 볼 때 그녀의 역할은 엄마 역할의 원형原型이라고 생각한다.

샌드라의 임종이 가까웠을 때 나는 내 삶에서의 그녀의 역할을 깨달았다. 샌드라는 유방암이 전이되어 폐에 물이 찼다. 내가 만나러 갔을 때 그녀는 나를 보려고 눈을 떴다. "오, 데니즈!" 그녀는 다정하게 내 이름을 부르면서 나를 향해 팔을 벌렸다. 나는 샌드라가 내 이름을 부르는 것을 좋아했다. 그것은 언젠가 네 살짜리 사내아이가 했던 말을 생각나게 했다. "어떤 사람이 나를 사랑하면, 그 사람이 내 이름을 부르는 소리는 달라요. 나는 그 이름 속에서 아주 편안해져요." 그것이 정확하게 내가 느끼는 느낌이다.

샌드라는 고통 속에서도 마치 이 세상의 모든 시간을 다 가지고 있는 것처럼 미소 지었다. "어떻게 지내? 요새도 글쓰니?" 그녀는 언제나 나의 글쓰기에 대해 물었는데, 샌드라가 나에게 가지고 있는 확신만큼 내 자신도 글을 쓰는 나에 대한 확신을 갖고 싶었다.

그 자리에 앉아서 나는 앤느 라모트라는 의사가 가장 친한 친구가 죽어가고 있을 때 했다는 말을 상기하고 있었다. "친구를 지금 자세히 보세요. 왜냐하면 친구는 지금 당신에게 어떻게 살아야 하는지를 가르쳐주고 있으니까요."

샌드라는 방에 늘어 서있는 커다란 회색빛의 산소 탱크들을 가리키면서 "저것들이 나를 이끌어주는 장군들이야"라고 말하며 웃었다. 그녀는 천천히 욕실로 걸어갔다. 그녀는 전혀 식사를 못하고 있었으며 심방세동心房細動을 막기 위해 몰핀에 의지하고 있었다. 그녀가 오래 살지 못할 것이라는 것은 명백했다.

샌드라가 돌아와서는 나에게 자기 옆에 앉으라고 손짓을 했다. 우리는 잠시 웃으면서 이야기를 했다. 샌드라는 때때로 어릿광대처럼 옷을 입고 아이들과 웃음이 필요한 사람들을 찾아가곤 했다고 했다. "내 이름은 칼립소Calypso였지. 나는 오렌지 데이지 무늬가 있는 검은 모자를 쓰고, 오렌지 가발에 붉은 코를 달았어. 나는 내 이마에 작고 붉은 하트를 그려 넣었어." 나는 어릿광대 복장을 한 샌드라를 상상하는 것이 좋았다.

잠시 후 그녀는 눈을 감았다. 그녀와 함께 기도를 해도 좋으냐고 묻고 그녀의 몸에 팔을 두르고 말없이 잠시 앉아 있다가 노래를 부르기 시작했다. 가사는 없이 그냥 내 몸에서 나오는 노래 가락만 불렀다. 몰핀과 암세포로 가득 채워진 샌드라의 몸은 나의 사랑을 받으면서 천천히 긴장이 풀려가고 있었다.

그녀는 음악을 사랑했다. 그리고 노래 부르는 것을 특히 좋아했다. 노래 부르는 것은 샌드라가 하는 영성 연습의 핵심이었다. 그녀는 동양과 서양의 종교 전통을 모두 귀하게 여겼다. 일요일에는 교회엘 갔고, 금요일에는 성스러운 공동체에 참가해서 산스크리트어와 많은 다른 신의 이름으로 영창詠唱을 했다. 그녀에게 음악은 엄마와 같은 것이었다. 그녀가 한 번도 가져보지 못한 엄마였다.

내가 노래하기를 멈추자 샌드라는 천천히 눈을 뜨고 웃으면서 "그 노래 아주 좋구나, 내가 죽을 때 그 노래를 듣고 싶어"라고 말했다.

그 약속을 지킬 수는 없었으나 나는 샌드라의 다음 여정을 알고 있었다. 거기에는 음악이 있을 것이었다. 그녀가 살아서 창조한 모든 음악이 그녀의 다음 여정에 동반될 것이다. 그녀가 만났던 모든 사람에게 그녀는 음악이었다. 그녀가 우리 이름을 부를 때, 우리의 노래를 청할 때 그 모든 것이 음악이었다.

일주일 후에 샌드라는 죽었다. 추도 예배 프로그램에 그녀의 사진 몇 장을 넣었다. 그녀가 어릿광대 칼립소로 분장한 모습이 포함되어 있었다. 우리는 마음을 다해서 노래를 불렀고 서로 이름을 불렀다. 나는 그녀가 나의 많은 엄마들 중 하나라는 것을 다른 사람과 이야기했고 많은 사람들이 고개를 끄덕였다. 바로 그날, 우리들 중 많은 사람들이 샌드라가 우리들 모두에게 엄마였음을 발견했다.

당신이 가지고 있는 많은 엄마들

일기장에 다음에 열거하는 질문에 대한 반응을 적어본다.

누가 당신에게는 엄마였는가?

당신을 돌보고 당신을 지지한 사람들은 누구인가?

당신이 개발하지 못했을지도 모르는 부분을 누가 길러주었는가?

누가 당신의 삶에서 자비로운 마음을 베풀어주었는가?

당신이 감사의 마음을 표현하고 싶은 사람들이 있을 것이다. 다음 주에 그 마음을 표현할 방법을 연구한다. 당신은 누구에게 엄마인가? 당신 자신의 아이들은 제외하고 당신의 삶에서 누구를 보살펴주었는가를 생각한다.

성 가족의 왕래

사람들이 서로 함께 살고 있는 곳이 집이다.

– 아일랜드 속담

"그 사람들이 왔어요. 그 사람들이 여기 왔어요!" 네 살짜리 토미가 소리를 지르면서 펄쩍펄쩍 뛰자 엄마가 문을 열었다. 문 앞 현관에 서있는 사람들은 우리 교구의 한 가족이었다. 그들은 마리아, 요셉 그리고 낙타, 이렇게 세 개의 조각상을 가지고 왔다. 동銅으로 조각된 이 작품의 크기는 45센티미터로 현대적이고 단순하고 우아했다. "이 손님들을 모실 방이 있나요?" 문 앞에서 가족이 물었다. "있습니다! 있어요! 들어오세요!" 토미가 말했다.

그 가족은 조각상을 안으로 들고 와서 강림절降臨節 화환 옆 커피 테이블에 올려 놓았다. 두 가족은 뜨거운 코코아, 진저 쿠키, 웃음 그리고 저녁 기도를 함께 했다. 따뜻한 작별 인사를 나눈 후 토미는 현관문을 닫았다. 토미는 마리아, 요셉, 낙타를 자기 장난감들에게 보여줘도 좋으냐고 물었다. 토미는 조각품들을 하나씩 하나씩 자기 방으로 옮겼다. 토미는 그들을 장난감 기차, 봉제 장난감 동물 그리고 많은 장난감 공룡들에게 소개했다. 토미는 침대로 들어가기 전에 이 여행객들을 조심스럽게 침대 옆 테이블에 옮겨놓고 어둠 속에서 그들과 긴 대화를 나누었다.

이 광경은 강림절에 우리 동네에서 흔히 볼 수 있는 모습이다. 그것은 우리 교회의 연례 라스 포사다Las Posada(스페인 말로 '머물다' 또는 '거처'의 뜻) 행사이다. 라스 포사다는 예수의 탄생을 준비하기 위해 머물 곳을 찾는 성 가족을 기념하기 위해서 멕시코에서 유래된 전통적인 기념행사이다.

이 의식을 적용해서 우리 교회에서는 마리아, 요셉 그리고 낙타의 조각상을 가정에서 가정으로 4주 동안 개인이나 가정이 이 손님들을 밤새 유숙하게 하는 것이다. 그런 식으로 그 여행객들을 한 가정에서 또 다른 가정으로 옮기는 것이다.

이 조각상들을 옮기고 받아들이면서 음악, 음식, 대화 그리고 우정을 두 가족이 교환했다. 또한 헝겊으로 겉장을 싼 귀한 노트에 자기들의 생각과 기도를 기록해서 조각상들과 함께 집에서 집으로 옮겼다. 한 달간의 긴 여정을 끝내고 마리아, 요셉, 낙타는 크리스마스 이브에 교회에 도착하게 된다. 교회에서는 좀 더 크게 장식된 아기 예수 탄생 장면에 이 조각품들을 놓고 크리스마스 이브 예배 프로그램에 그 조각상들의 도착을 기념하는 의식을 포함시켜 놓는다.

무심한 관찰자들에게는 이 동상들이 그냥 단순한 세 개의 조각품일 뿐이다. 그러나 때때로 가장 단순한 것이 가장 성스럽기도 하다. 나는 자리에 앉아서 작년의 기록 노트에 쓰여진 글을 읽으면서 이 작은 조각들이 굉장한 이야기—임신한 아내와 남편이 이 어두운 세상에 빛이 될 아기를 낳을 안전한 곳을 찾아다니는—를 전달할 뿐만 아니라 우리 지역사회 공동체의 이야기도 함께 전달하고 있다는 사실을 깨달았다. 마리아와 요셉, 낙타가 집에서 집으로 여행하면서 각 가정이 가지고 있는 이야기와 에너지와 영성을 함께 전달하는 것이다. 그들은 보이지 않는 실로 우리를 연결하고 있으며, 그래서 우리는 다 함께 여행을 하고 있다고 나는 생각했다.

작년에 마거릿은 루키미아 진단을 받았는데 기록장에 제일 먼저 글을 썼다. 그녀는 고통스럽고 힘든 화학요법을 막 끝낸 후라 면역 시스템이 약해져서 많은 방문객을 만날 수가 없었다. 한 부부가 그 조각상을 그녀의 집으로 전달했을 때, 그녀는 온 지역사회로부터 축복을 받은 것 같다고 썼다. 몇 주 후에 마거릿은 폐렴으로 죽었다.

다른 글은 루이스가 쓴 것이었다. 루이스는 몇 달 전에 40세 된 그녀의 아들을 잃었다. 아들의 죽음은 그녀의 신앙을 근본적으로 흔들었으나 용감하게 싸웠고 마음의 평화를 위해서 진심으로 기도했다. 그녀는 그 조각상들을 조심스럽게 벽난로 선반에 놓고 이렇게 썼다. "오늘 나는 젊은 아들을 잃은 마리아의 비극을 생각했다. 나는 마리아로부터 위안을 얻었다."

나는 다른 글들을 읽으면서 미소 지었다. 팀과 에이미는 첫 아기를 기다리고 있었다. 그들은 벽난로 가에 앉아서 첫 아이의 탄생을 준비하면서 보낸 일 년에 대해서 이야기하는 모습을 썼다. 그들의 아기에 대한 생각이, 마리아와 요셉이 투숙할 곳을 찾아 길거리를 헤매면서 가졌던 생각과 꿈, 희망과 별로 다르지 않았을 것이라는 것을 깨달았다고 했다. 에이미는 이렇게 썼다. "우리는 마리아와 요셉이 머물 자리를 곧 태어날 우리 아기의 요람으로 정했다. 그들이 편안하게 느낄 수 있도록, 그들의 아기가 이 세상에 올 때 따뜻한 장소에서 태어날 것이라고 안심시키기 위해서였다."

어린 아이들이 쓴 글도 있었다. 성 가족, 그중에서도 특히 낙타를 대접할 수 있는 기쁨을 표현한 글들이 있었다. 어떤 소년은 영광스러운 손님들을 위해서 피아노를 연주했고, 다른 소년은 손님들을 위해서 특별한 음식을 준비했다고 했다. 많은 사람들이 조각상들을 저녁 기도에 참석시켜서 함께 감사의 기도를 드렸고, 집이 없거나 따뜻함이 없는 사람들을 위해서도 기도를 했다고 썼다. 어른들도 마음속에서 어떤 영성을 경험했다고 했다. 두 어린 아들을 가진 어떤 엄마는 그 조각상들이 얼마나 진짜처럼 느껴졌는지에 대해 썼다. "다음 날 아침 나는 샤워를 하면서 부엌에 조용히 들어가야겠다고 생각했다. 나는 손님들이 방해받는 것을 원치 않았다. 그 무생물인 조각상들이 그들 자신의 생명을 가지고 있다는 것이 참으로 신기했다!"

내가 쓴 글을 읽으면서, 당시 네 살이었던 딸 줄리아나가 방문객들을 맞이하던 모습이 떠올랐다. 줄리아나는 낙타를 그녀의 봉제 장난감 빨간 코 사슴 루돌프에게 소개했다. 그 두 동물은 곧 친구가 되었다. 잠자리에 들 시간에 줄리아나는 마리아를 나의 테이블에, 요후스(줄리아나는 요셉을 이렇게 발음했다)를 아빠의 테이블에 놓았다. 낙타는 줄리아나 침대 옆에서 밤을 보냈다.

　매년 시간이 흐르면서 그 원형적인 여행은 다시 시작되었다. 아이들이나 어른들이 흥분해서 대문을 열고 여행자들을 위한 방을 마련했다. 빛, 음악, 기도, 음식 그리고 우정이 각 가정으로 들어왔고 성스러운 공간을 만들어냈다. 이것은 단순한 의식이지만 따뜻함과 영속되는 은총을 가져왔다. 그것은 우리가 서로 연결되어 있으며, 지역사회뿐만 아니라 좀 더 큰 무엇과도 연결되어 있다는 것을 알게 했다. 우리는 성 가족의 일부라는 것을 깨닫고, 세상으로 나아가는 길을 만들고, 머물 곳을 찾고 제공 받으며 서로 사랑하고 우리의 삶을 세상에 내놓는다는 것을 깨달았다.

■ 성 가족 연습

당신은 가족의 의식을 일 년 행사로 시행하는 교회나 시나고그 또는 지역사회에 속해 있는가? 만약 그렇지 않다면 한두 가족이 아이들 또는 비슷한 연령의 사람들과 함께 하는 연례 행사를 만들어 본다.

이런 의식이나 기념식을 자연스럽게 하기에 좋은 시간은 휴일이다. 물질적인 것보다는 지역사회의 느낌에 초점을 맞춘다.

애들은 다 들어왔니?

세계의 문제는 우리가 가족의 테두리를 너무 좁게 생각하는 데 있다.

– 마더 테레사

몇 년 전에 나는 뉴욕 리버사이드 교회의 제임스 포브스 목사님이 어렸을 때 집안에서 저녁 식사 때마다 하던 의식에 대해 이야기하는 것을 들었다. 그의 부모님과 여덟 명의 아이들이 식탁에 둘러 앉아 저녁 식사 기도를 드리기 직전에 엄마는 간단한 질문을 했다는 것이다. "애들은 다 들어왔니?"

만약 한 아이라도 들어오지 않았으면, 그 아이를 위해 따로 접시에 음식을 담아 오븐에 넣고 나서, 기도하고 성경 구절을 읽고 식사를 했다는 것이다. 이어서 포브스 목사님은 하느님을 영원한 엄마, 매일 "애들은 다 들어왔니?"라고 묻는 영원한 엄마라고 생각한다고 했다.

포브스 목사님에게서 이 이야기를 들은 후부터 이 질문은 언제나 내 마음속에 자리 잡고 있다. 나는 집단과 이 이야기를 하고, 내 일기를 쓸 때도, 친구들과도 이 이야기를 한다. 나는 이 이야기로 무엇을 할지 모르겠지만 항상 그 질문을 듣고 있다.

어느 날 나는 신문에서 아래와 같은 기사를 읽었다.

> ### 이런 분을 찾습니다
>
> 여유 있고, 마음이 넓고, 세계는 가족이라는 생각을 가지고
> 어린 피난민 아이들을 자급자족할 수 있게 도울 수 있는 분.
>
> 포상 : 어린이가 새로운 삶을 설계할 수 있도록 도와주는 기회를 갖는 것.

기사는 우리 지역 가톨릭 자선 단체에서 UN의 후원으로 시작한 '보호자 없는 미성년 피난민을 위한 프로그램'에 대해 설명하면서 전쟁과 박해 때문에 자기 나라와 가정에서 피난 온 10대 미성년자들을 길러줄 가정을 찾고 있다는 내용이었다. 거의 대부분의 아이들이 고아이거나 친척들과 헤어진 상태이고 많은 아이들이 몇 년씩 피난민 수용소에서 살고 있었다.

그 기사를 읽으면서 나는 울기 시작했다. 내가 왜 우는지 확실히 모르면서 나는 한 시간 이상을 흐느꼈다. 내 마음속 문이 열렸고 세상 돌아가는 일에 슬퍼했으며, 특히 피난민 아이들에 대한 슬픔이 터져 나온 것이었다. 나는 미국에 온 그들—이라크, 아프가니스

탄, 이란, 소말리아, 수단 그리고 그 외의 많은 지역에서 온 아이들— 을 양육해 줄 가정이 필요하다는 기사를 읽으면서 문득 "애들은 다 들어왔니?"라는 질문이 생각났다. 그 대답은 "아니오" 라는 것을 알았다.

잠시 후, 나는 울음을 그쳤고 보통의 일상으로 돌아왔다. '우리가 그 아이들을 데려 올 수는 없어' 라고 혼자 중얼거렸다. '그건 너무 힘들거야. 우리 애들이 좋아하지 않을 거야. 좋은 생각이기는 하지만 현실적으로 생각해 봐' 라고 말하는 소리가 들리는 것 같았다. '그렇게 되면 모든 것이 달라질 거야.'

폴이 집에 왔을 때 나는 대수롭지 않게 신문 기사 이야기를 했다. "여보, 오늘 이런 기사를 읽었는데. 당신도 한 번 보세요." 나는 기사를 그에게 보여주었다. "그런데 내가 아주 바보 같은 생각을 했어요. 그 일에 대한 정보를 주는 모임이 있다는데 우리도 한 번 가보고 싶어요. 물론 당신이 싫다면 안 가구요."

놀랍게도 폴은 그 모임에 가고 싶다고 했다. "거기서 뭘 요구하는지 한 번 가보면 어때? 아직 우린 아무 약속도 안 해도 되잖아"라고 그가 말했다.

그래서 우리는 다음 날 그 모임에 참석했다. 독신녀, 아이들과 함께 온 부부, 은퇴한 사람, 직장에 다니는 사람, 전에 피난 온 사람, 미국에서 태어난 사람들로 모임 장소는 만원이었다. 대부분의 사람들이 내가 읽었던 그 신문 기사를 읽고 더 많은 정보를 얻고 싶다는 설명할 수 없는 힘에 이끌려 온 것이었다.

그날 밤 우리는 많은 것을 배웠다. 이 세계에는 1천3백만 명의 피난민이 있고 그들 대부분은 엄마와 아이들이라는 것, 2천2백만 명의 사람들이 내전內戰과 기타 다른 문제들 때문에 자기 나라 국경에 흩어져 있다는 것이다. 수백 수천의 아이들이 고아가 되었거나 부모와 헤어졌으며, 구박 받고 착취당할 위험에 노출되어 있다는 것이다. 많은 아이들이 수용소에서 어린 시절을 보내게 될 것이라고도 했다.

모임이 끝나고 폴과 나는 우리가 다음 단계를 밟고 싶다는 생각을 하고 있다는 것을 알고 놀랐다. 우리는 양육 가정 인정서를 받을 수 있는 다음 단계에 사인했다. 다음 달에 우리는 피난민들을 만났고 그들의 믿을 수 없는 용기와 결심에 대한 이야기를 들었다. 나는 내가 얼마나 세계 정세에 무지했는가를 깨달았고 얼마나 많은 피난민들이 우리가 사는 이 도시에 살고 있는가를 알고 놀랐다. 나는 내가 만났던 알려지지 않은 피난민들과 그 피난민들을 도와주는 많은 영웅들을 보고 겸손한 마음이 들었다.

월례모임이 끝난 어느 날, 지도자가 우리에게 이란에서 온 열일곱 살 된 소녀의 양부모가 되는 것이 어떻겠느냐고 물었다. 그 소녀는 바하이Bahái 신자라서 피난민 신분을 얻었다고 했다. 왜냐하면 이란에서는 바하이 신자들은 처형당하거나 감옥에 갇히는 경우가 많고 젊은 신자들은 대학에 갈 수가 없다는 것이다. 그녀는 열다섯 살 때부터 터키 피난민 수용소에서 혼자 살았는데 미국에 오게 되면서 양육 가정이 필요하다는 것이었다.

우리는 즉각적으로 그렇게 하겠다고 대답했다. 바로 그 순간에 우리는 그녀가 우리 가족의 일부라고 느꼈다. 한 달 후에 우리의 새로운 딸 시마를 데리러 공항에 갔다. 우리가 얼마나 빠르게 그녀를 사랑하게 되었는지 그 이유는 모르겠다. 그녀는 엄청난 기쁨과 웃음을 우리에게 가져다주었다. 그녀에게는 여러 가지 도전을 이겨내야 하는 어려움이 있었지만 우리는 그녀를 도울 결심을 굳혔다.

이런 경험을 통해서 가정의 테두리는 넓어졌고 우리의 마음과 영혼도 넓어졌다. 시마를 사랑하게 되었을 뿐만 아니라 우리와 멀리 떨어진 나라와 그 문화에 대해서도 직접 배울 수가 있었다. 우리는 매달 다른 양육 가정과 그들이 양육하고 있는 피난민 10대 청소년들을 만났다. 이들이 우리를 얼마나 변화시켰는지는 말로 표현할 수가 없다. 우리는 이 젊은 사람들이 수단, 소말리아, 아프가니스탄, 시레라리온 등에서 겪은 엄청난 공포를 이해할 수 있을 만큼 성숙한 것이다. 이런 고통을 겪은 얼굴에도 사랑이 넘친다는 사실을 알고는 두렵기까지 했다.

매일 매일 아주 깊은 의미에서 모든 어린이는 다 우리의 어린이라는 사실을 발견한다. 마더 테레사가 말했던 대로 우리 가족의 테두리를 더 넓게 해서 이 모든 아이들을 받아들이자. 크거나 작거나 모든 어린이들이 배려 받고 사랑받도록 하자. 이보다 더 중요한 일이 어디 있겠는가?

"애들은 다 들어왔니?" 연습

"애들은 다 들어왔니?"라는 말로 기도하고 명상한다(조심스럽게 들으면, 영원한 엄마가 당신의 마음속에서 속삭이는 소리를 들을 수 있을 것이다).

···▶ 아이들과 침대에서 지구의나 세계지도를 본다. 모든 동물, 아이들, 식물들을 포함한 당신의 가족들을 커다란 원 안에 넣어보는 상상을 한다.

···▶ 매일 밤 어떤 나라를 선택해서 그 나라와 그 나라의 어린이들을 위해 기도한다.

···▶ 다른 어린이들, 즉 당신이 사는 곳이나 세계 다른 어떤 곳의 어린이들을 위해서 할 수 있는 일을 가족이 함께 결정한다.

엄마는 지켜보고 있다

엄마로서 정말로 같이 있어 준다는 것은 모든 것을 준다는 것이다.

– 앤드루 히베이 『사람의 아들Son of Man』

나는 거의 평생 결벽한 사람으로 살아오고 있다. 나는 규율을 어기지 않으며, 심지어 문법적인 것도 어기지 않는다. 나이가 들어가면서 규율을 어기는 것에 대한 느낌이 전보다는 편안해지기는 했지만, 내가 체포당한다는 것은 어울리지 않는 일이었다.

아름다운 금요일 오후였다. 폴과 나는 우리 교회 교인들과 함께 새벽 기도회에 갔다. 새벽 기도는 로렌스 리버모어 국립 실험실 정문 앞에서 있었다. 여자와 남자, 수녀와 신부, 어린이들, 건강한 사람과 병든 사람 등 수백 명이 모였다. 핵무기 시설 근처에 있는 십자가 역사驛舍에서 조용히 기도하고 평화의 증인이 되기 위해서 모인 것이었다.

우리는 군중들이 모여 있는 구석 쪽에 차를 세우고 그들을 향해 걸어갔다. 트럭 운전사들이 경적을 울리며 운전했다. 나는 길 건너 SUV 차량 뒤에 있는 사람에게 손을 흔들었다. 그는 앉아서 커피를 마시면서 사람들을 지켜보고 있었다. 몇 대의 헬리콥터들이 머리 위를 맴돌고 있었다.

"화장실에 좀 가야겠어요." 내가 폴에게 말했다. 나는 진흙 길을 무겁게 걸어서 우리 그룹이 사용하도록 푯말을 세워 둔 곳에 갔다. 그날 나는 다섯 번이나 화장실에 갔는데 그것이 첫 번째였다.

애초에 나는 시민으로서 이런 시위에 가담할 생각은 없었다. 그러나 이번 주 초 나는 내 마음속에서 하는 소리를 들었다. "그 벽을 건너야 할 때가 됐어."

우리들은 실험실 입구 길에서 무릎을 꿇고 기도할 예정이었다. 우리는 헝겊 목도리를 목에 두르고 있었다. 다른 사람들은 목도리에 자신의 이름을 썼다. 그 목도리를 늘 갖고 다니겠다는 의미였다. 폴은 자기 이름을 썼고 아이들의 이름을 내 목도리에 썼다. 우리 교회 교인들도 모두 각자의 이름을 썼다.

우리 그룹은 함께 첫 번째 지점에 모여서 잘 아는 노래를 부르기 시작했다. 그 노래는 스타바트 마터Stabat Mater라는 라틴어로 "엄마는 지켜보고 있다"였다.

십자가 밑에서 지키고 있었네
애통해 하는 엄마가 울면서 서있네,
예수의 곁에서 끝까지

어렸을 때, 나는 가톨릭 초등학교에 다녔다. 매년 사순절四旬節 금요일에 십자가로 가는 지점들을 만들어 놓고 행진을 했다. 각 지점마다 우리는 잊혀 지지 않는 선율의 그 노래를 불렀다. 어린 나이였으나 그 노래는 나를 울게 만들었다. 엄마는 아들을 지켜보고 있다. 그녀의 단 하나밖에 없는 아들이 죽어가고 있다. 그녀의 가슴은 찢어졌다. 그녀는 아들의 죽음을 막을 수 없었다. 그래서 그녀는 지켜보고 있다. 그녀는 아들에 대한 지극한 사랑으로 충성스럽게 남아 있었다.

그녀는 남아 있었다. 그것이 중요한 것이다. 남자들은 멀리 도망갔으나 여자들은 남아 있었고 엄마도 남아 있었다. 그녀는 말없이 아들을 지켰고 슬픔을 몸소 겪었다. 그녀는 아들을 임신했을 때 성모 마리아 찬가를 부른 여인이었다. 그 노래는 가난한 사람과 불의로 고통 받는 사람들 옆에 있는 성스러운 자를 찬양하는 노래였다. 그녀는 이 기도로 노래를 부르면서 아들을 키웠다.

어렸을 때는 몰랐지만 이 엄마는 나의 한 부분이 되기 시작했다. 그녀는 나를 그녀의 꿈으로 초대했다. 그녀는 엄마란 자녀를 지켜보고, 남아 있으면서 몸으로 증명하고, 기도하고 절대로 흔들리지 않아야 한다는 본을 보여 주었다.

실험실에서의 그 아침, 열네 개의 지점을 걸어가면서 우리는 계속해서 'Stabat Mater (엄마는 지켜보고 있다)'를 기도하면서 노래했다. '엄마는 지켜보고 있다.' 마침내 우리는 정문에 도착했다. 거기에는 정장을 한 많은 사람들이 있었다. 실험실 사람들, 홈랜드 보안과 사람들, 그보다 더 많은 시위 진압 경찰들이 있었다. 그들은 헬멧, 반사경, 배가 불쑥

튀어 나온 곤봉, 갈고리 달린 철퇴 등으로 완전 무장을 했다. 내 뱃속이 곤두박질을 쳤다. 나는 재빨리 기도했다.

열다섯 명의 시위 진압 경찰이 정문 옆길을 가로 질러 행진했다. 그들의 장화 소리가 합창으로 울렸다. 우리 그룹 열 명이 그들 앞 길바닥에 조용히 열을 지어 무릎을 꿇었다.

길 가장자리에서 나는 경찰관들을 바라보았는데 그들이 너무나 젊은 아이들이어서 놀랐다. 대부분이 내 아들보다도 젊은 그들은 아무 말도 하지 않았고 아무도 쳐다보지 않았다. 언제나 농담으로 다른 사람의 얼굴에 웃음을 짓게 하던 코미디언 폴조차도 아무 말도 안 했다.

우리 그룹의 어떤 사람들은 관절염 때문에 무릎을 꿇을 수가 없었다. 몇몇 여자들은 MS(다발성경화증, 多發性硬化症)였다. 그들은 지팡이를 짚고 절뚝거리며 거리로 걸어갔다. 경찰관들은 해산하지 않으면 체포할 것이라고 경고했으나 한 사람씩 한 사람씩 거절했다. 사람들은 경찰관의 보호를 받으며 정문에서 나갔고 수갑이 채워졌다. 그리고 판결을 기다렸다.

우리는 타이제Taizé 노래, 우비 카리타스Ubi Caritas ‘자비와 사랑이 넘치는 곳에 하느님이 계시네’를 반복하고 반복하면서 노래했다. 그 노래가 내 마음을 가라앉혀 주었다. 나는 더 이상 두렵지 않았다. 우리가 그 벽을 넘는 것이 지금 실험실에서 행해지고 있는 일을 변화시키지는 못할 것이다. 그러나 그것이 나를 변화시켰다. 나는 이곳이 내가 있어야 할 곳이라는 걸 알았다. 이번 금요일에 다리를 절뚝거리는 사람들과 함께 우리가 지금 본 것을 증

언해야 했다. 이 잘못된 행위를 정상적인 것처럼 생각하며 행동하는 힘에 반대하고 부활을 믿는 것, 이것이 내가 해야 할 일이라는 것을 깨달았다. 나는 경찰관들과 실험실 사람들의 얼굴을 보고, 그들도 역시 평화를 바라고 있다는 것을 알았다. 나는 우리들 모두를 위해 기도했다.

첫 번째 그룹이 떠나고 나는 두 번째 그룹에 있었다. 그리고 길거리에 무릎을 꿇었다. 몇 분 후에 한 경찰이 오더니 나를 체포했다. 지방 신문 기자가 끌려가고 있는 나에게 마이크를 댔다. "왜 이런 일을 하시나요?" 그녀가 물었다. "내 아이들을 위해서." 내 말소리를 내가 들었다.

경찰이 우리들을 길 옆으로 데리고 가서, 입고 있는 옷 이외에 모든 소지품을 내놓으라고 했다. 그리고 우리들에게 수갑을 채웠다. 커다란 하얀 밴이 우리를 핵 시설 건물 건너편에 있는 울타리로 데려가서 감금하려고 기다리고 있었다. 내가 밴에 올라탔을 때 이미 내 친구 하나가 뒷좌석에 앉아 있었다. 그는 거기 있는 다른 사람에게 나를 소개했다. 우리는 우리의 통로가 이미 폐쇄되었다는 것을 발견했다. 우리는 바깥의 울타리로 옮겨졌다. 열 명 정도의 사람들이 한 사람씩 감금당했다. 감시원이 판결을 기다리고 있는 MS 환자들이 앉을 수 있도록 친절하게도 접는 의자를 가져왔다.

나는 커다란 창고로 끌려가 지문을 찍고 사진을 찍었다. 대학에서 등록할 때처럼 테이블이 놓여 있었고, 다른 경찰서에서 온 여자들이 우리의 정보를 기록하고 있었다. 그들은 내게 소환장을 주면서 몇 주 내에 지역 검사가 고소할 것인지 아닌지를 통보할 것이라고 말했다. 그러고 나서 그들은 나를 더 큰 유치장으로 데리고 갔는데 거기서 나는 25년 전 신학교 다닐 때의 교수를 만났다. 잠시 후에 우리는 다른 밴에 올라타고 대문 밖으로 나왔다. 그리고 풀려났다. 나는 폴과 친구들을 만나 함께 우리 교회의 금요일 예배에 참석했다.

금요일 아침의 시위는 세계를 변화시키지 못했다. 그럼에도 불구하고 그 일은 나를 변화시켰고 우리 지역사회를 변화시켰다. 어느 날 한 기자가 베트남 전쟁 때 매일 밤 백악관 앞에서 시위를 했던 뮤스트A. J. Muste(사회 운동가)라는 사람에게 물었다. "뮤스트 씨, 당신은 이렇게 밤마다 혼자서 촛불을 들고 서 있는 것이 정말로 우리나라의 정책을 변화시킬 수 있다고 믿습니까?"

"아, 나는 우리나라를 변화시키려고 이러는 것이 아닙니다. 나는 우리나라가 나를 변화시키지 못하게 하려고 이러는 것입니다"라고 대답했다.

내가 그 벽을 넘어야겠다고 생각하고 실행할 수 있다는 믿음이 생겼을 때 나는 변했다. 내가 두려워하기보다 사랑하고 있다고 믿을 때 나는 행동으로 옮긴다. 나의 기도는 더욱더 그 일에 집착하게 되었고, 모든 아이들을 위해, 세상을 위해, 용기와 사랑의 씨를 심기 위해 우리 안에 있는 엄마의 사랑과 에너지를 쓸 수 있게 해달라고 기도한다.

엄마는 지켜보고 있다. 그리고 '그 엄마' 는 우리가 모두 함께 한다면 몇 배의 엄마가 될 것이다.

밤에 밖에 나가 별들을 쳐다본다. 만약 도시에 산다면, 별을 보기 어렵다면, 촛불을 켜놓고 이런 기도를 한다.

··· 당신의 아이들이 아이를 낳았다고 상상한다. 그리고 그 손주들이 80세가 되려면 몇 년이 걸릴 지 계산해 본다.

··· 그때는 세상에 평화가 올 것이라고 상상한다.

··· 당신의 손주들이 지금의 당신에게 무슨 말을 할 것인지 상상한다.

··· 지금 이 순간 선조와 후세대들 사이에서 당신이 엄마로서 차지하는 위치를 느껴본다.

··· 시간을 초월하여 기도를 보낸다.

··· 엄마로서의 은총을, 세계 평화를 위해 지혜와 용기와 힘을 가지고 살고 실천할 수 있는 은총을 갈구한다.

나무는 평화와 무슨 관계가 있는가?

이 이야기는 어떤 엄마의 이야기이다. 그녀의 이름은 왕가리 마타이Wangari Maathai. 그녀의 이야기는 전 세계 수백만 사람들에게 영감을 주었다. 우리들은 아프리카에서 멀리 떨어져 살고 있는데, '이 이야기가 내 가정과 무슨 관계가 있단 말인가?'라고 생각할지도 모른다. 왕가리는 우리가 지구라는 한 울타리 안에 사는 하나의 가족이며, 자신과 지구를 서로 돌봐줄 때에만 편안할 것이라는 걸 일깨워준다.

30년 전에 케냐의 삼림은 90% 가량이 벌목되었다. 흙을 보호해 줄 나무가 없어서 땅은 사막이 되어가고 있었다. 식사 준비를 위해 여인들과 소녀들이 땔감을 구하러 나가 아직 남아 있는 작은 나뭇가지라도 찾으려면 몇 시간을 헤매야 했다.

왕가리라는 이름의 여인이 이 모든 것을 지켜보고 있었다. 그녀는 땅과 여인들과 소녀들을 보호하기 위해서는 무슨 일인가를 하지 않으면 안 되겠다고 결심했다. 그래서 그녀는 나무 한 그루를 심었다. 그리고 또 한 그루를 심었다. 그녀는 수천 그루의 나무를 심고 싶었다. 그러나 혼자서 그런 일을 하기엔 너무나 많은 시간이 걸릴 것이라는 걸 깨달았다. 그래서 그녀는 땔감 나무를 찾는 여인들에게 나무 심는 법을 가르쳤다. 그리고 어린 묘목이 자라면 돈을 주었다.

곧 그녀는 전국적으로 나무를 심는 여성들을 조직했고 이 운동은 금방 확산되었다. 그것이 '그린벨트 운동' 이다. 매년 점점 더 많은 나무가 땅을 덮어가게 되었다.

그렇게 나무를 심는 동안 여성들에게도 무슨 일인가가 일어났다. 나무가 뿌리를 내리는 동안 여성 자신에게도 무엇인가가 자라나고 있었던 것이다.

여성들은 자신감을 가지기 시작했다. 무엇인가를 변화시킬 수 있다고 생각하기 시작했다. 자신들도 많은 일을 할 수 있고 남성들과 동등하다는 생각을 하기 시작했으며, 자신도 존경과 권위를 가진 인간으로 대접 받을 만하다고 인식하기 시작했다.

이런 변화가 사람들을 위협했다. 특히 대통령은 이런 변화를 좋아하지 않았다. 경찰은 나무를 심고 평등과 민주주의를 사람들의 머리, 특히 여성들의 머리에 심어주는 왕가리를 위협하고 구타했다. 그녀는 전복顚覆의 죄목으로 고소당했고 여러 차례 구속 당했다.

어느 날, 왕가리가 나무를 심고 있을 때 땅 주인이 고용한 사람이 그녀를 곤봉으로 때렸고 머리에 상처를 입은 그녀는 몇 주 동안 병원에 입원해야 했다. 그러나 그녀는 살아났고, 그녀가 옳은 일을 하고 있다는 확신은 더욱 굳어졌다.

거의 30년 동안 그녀는 육체적으로 위협 받았으며, 언론은 그녀를 비웃었다. 그러나 굴하지 않았다. 그녀는 오로지 자라나고 있는 세 아이들의 눈과 수천 명의 여성들의 눈이 나무와 함께 자라고 있음을 볼 뿐이었다. 그리고 거기서 그녀는 앞으로 나아갈 힘을 얻었다.

그렇게 해서 아프리카에 3천만 그루의 나무를 심었다. 한 번에 한 그루씩. 땅 표면과 사람들의 마음속 경치가 변화되었다.

2002년 케냐에서는 민주적인 선거가 이루어졌다. 왕가리와 '그린벨트 운동'을 반대하던 대통령과 여당은 패배해서 물러났다. 왕가리는 케냐의 환경부 차관이 되었다.

후에 왕가리는 UN 환경 보호 프로그램의 정부 대표로 이런 연설을 했다.

최근 케냐에서의 경험은 더 나은 미래를 위해 투쟁하는 모든 사람들에게 희망을 주었습니다. 긍정적인 변화는, 평화적으로 진행한다면 가능하다는 것을 보여 주었습니다. 필요한 것은 용기와 참을성 그리고 '긍정적인 변화는 가능하다'라는 신념입니다. 그렇기 때문에 우리들의 슬로건은 'Yote Yaawezekana!' '이 일은 가능하다!' 입니다.

왕가리는 지금 60대의 여인이다. 2004년 그녀는 노벨 평화상을 수상한 최초의 아프리카 여성이 되었다. 그녀는 노벨상을 받는 자리에서 '나무는 평화와 무슨 관계가 있는가?'라는 제목으로 연설을 했다. 왕가리는 대부분의 전쟁이 한정된 자원, 예를 들면 기름, 땅, 콜탄, 그리고 다이아몬드 때문에 일어났다고 지적했다. 그녀는 우리 모두 욕심을 자제하고 지도자들은 그냥 좋은 사회를 건설하라고 제안했다. 그리고 덧붙였다.

모든 아프리카 여성들을 대신해서, 나에게 이 엄청난 영광을 주신 데 대해 감사를 드립니다. 이 상은 케냐 여성들과 이 세상에서 목소리를 높이고 있으나 들리지 않는 여성들에게 용기를 줄 것입니다. 우리는 나무를 심습니다. 우리는 평화의 씨앗, 희망의 씨앗을 심습니다. 우리는 아이들을 위해 미래를 안전하게 합니다.

왕가리는 오슬로에서 노벨 평화상을 받으면서 우리들 모두가 이 일에 참여할 수 있도록 우리를 초대했다.

오늘날 우리는 우리의 생각을 변화시켜 인간의 삶을 지지해 주는 시스템이 더 이상 위협받지 않도록 해야 합니다. 우리는 이 땅이 받은 상처를, 우리들 자신이 받은 상처와 함께 치유해야 하는 부름을 받았습니다. 참으로 다양한 모습의 아름다움과 경이로움으로 창조된 모든 것을 감싸 안아야 합니다. 우리가 광대한 우주의 가족임을 깨달을 때 그것은 가능할 것입니다.

우리는 왕가리의 초대를 받아들일 수 있을 것인가? 한 그루의 나무를 심는 것과 같은 일을 어떻게 할 수 있을 것인가?

한 인터뷰에서 왕가리는 이렇게 말했다.

나는 내가 왜 이렇게 집착하는지 정말 몰라요. 나는 그냥 내 마음속에서 하는 소리, 즉 어떤 문제를 풀기 위해 무슨 일인가를 해야 한다는 소리를 들어요. 나는 그것이 내 안에 살아계시는 하느님이라고 믿습니다. 그것은 나에게 반드시 무슨 일인가를 하라고 하는 그분의 목소리라고 믿어요. 그리고 이 지구상의 모든 사람들에게 말씀하시는 그분의 목소리라고 확신합니다.

잠시 명상의 시간을 갖는다.

그 목소리는 당신에게 무슨 말씀을 하고 계신가?
당신은 이웃이나 도시나 나라를 돌아보고 무엇이 필요하다고 생각하는가?
여성이나 소녀들이 고통 받고 있는 곳은 어디인가?
사람들이 무력하다고 느끼는 곳은 어디인가?
지구에서 당신의 도움이 필요한 곳은 어디인가?
나무 한 그루를 심는 것과 같은 일은 무엇인가?

마치는 글

어렸을 때 나는 잠을 잘 자지 못했다. 어느 날 밤에 엄마는 기도를 하면 내 몸과 마음이 편안해진다고 말씀해 주셨다. 그 말이 효과가 있어서였는지 나는 기도하다가 바로 잠이 들었다. 다음 날 아침 나는 실망해서 엄마에게로 갔다. 왜냐하면 기도를 끝내지 못하고 잠이 들었기 때문에 내 기도가 하느님께 전달되었는지 확실치 않아서였다.

"얘야, 괜찮단다. 내가 천사의 약속에 대해서 얘기해 줄게. 너는 그냥 기도를 시작하기만 하면 돼. 그런데 만약 무슨 일 때문에 네가 기도를 끝내지 못하면, 천사들이 너를 대신해서 기도를 끝내 준단다"라고 엄마가 말했다.

나는 이 책을 끝내면서 천사의 약속을 기억했다. 이 책에 쓰여진 내용들은 25년 전에 내가 임신했다는 사실을 처음 알고 난 순간부터 시작해 온 기도의 연속이다.

우리 아이들이 자라고 집을 떠나기 시작하면서 나는 천사의 약속은 엄마들에게도 적용된다는 것을 믿기 시작했다. 우리의 몫은 아이들을 위해서 일을 시작하는 것이다. 결국 그것이 우리가 할 수 있는 모든 것이다. 그러고 나서 우리는 아이들을 보내야 하고, 기도

해 주고, 이 우주를 신뢰하는 것이다. 그리고 모든 천사들이 아이들을 돌봐 줄 것이라고 믿는 것이다.

엄마 역할은 소명召命이다. 우리의 능력을 더 확대시키고, 우리들 안에서 가장 너그러우며 사랑스럽고 현명한 것이 무엇인지를 찾도록 도와준다. 우리가 매일 아이들에게 전념하고, 주의를 기울이고, 자비로운 마음을 가지고 생각과 행동을 구체화하면서 모성충만을 연습하면 우리의 지역사회와 성스러운 영역을 감지하게 된다. 우리가 우주의 심장 안에 존재하는 광대한 엄마의 사랑을 향해 마음을 열면, 우리의 삶은 우리 자신과 가족과 세계를 변화하게 하는 명상이 될 수 있음을 발견하게 된다.

우리는 호흡하고, 미소 짓고, 자신과 서로에게 친절하게 대하자. 우리는 도움이 필요할 때 서로를 지지하고, 가장 중요한 것을 위해 마음을 다해 도전하자. 우리 자신을 잘 지켜서 우리가 못다 이룬 일들을 다음 세대에게 넘겨주지 않도록 하자. 또한 서로 웃으면서 기쁨을 잃지 말자.

그리고 우리는 아이들을 잘 보살펴야 한다. 우리의 아이들, 모든 아이들을. 이 푸르른 초록색의 작은 별, 우리가 '엄마 대지'라고 부르는 이 지구상에 있는 모든 존재들을 위해서 강렬하고 열정적인 엄마 에너지를 활성화 하자.

책을 마치면서 나는 이런 기도를 드린다.

우리로 하여금 지금, 여기 이 순간에 완전히 우리를 바치게 하시고 매 순간마다 내려주시는 선물을 깨닫게 하소서.

　우리로 하여금 우리 안에서 또는 우리 아이들 안에서 일어나고 있는 모든 일들을 친절한 마음으로 주의 깊게 살필 수 있도록 해 주소서.

　우리로 하여금 우리 자신과 우리 아이들과 우리 세계를 위해서 자비로운 마음을 활짝 열게 하소서.

　우리로 하여금 매일 우리 가족을 위해 충분히 축복하면서 온 힘을 다해 살게 하소서.

　우리로 하여금 우리를 통찰하는 위대한 사랑과 은총에 마음을 열게 하소서.

　우리로 하여금 우리 가족의 테두리를 넓게 펼치면서 서로를 보살피고, 이 땅을 보살피게 하소서.

　우리 모두로 하여금 평화를 발견하게 하소서.

　우리 모두가 평안하게 하소서.